Lars-Erik Barthel

Das Internet

Chance für kleine und mittlere Unternehmen

I0014009

Bibliografische Information der Deutschen Nationalbibliothek:

Bibliografische Information der Deutschen Nationalbibliothek: Die Deutsche Bibliothek verzeichnet diese Publikation in der Deutschen Nationalbibliografie; detaillierte bibliografische Daten sind im Internet über http://dnb.d-nb.de/ abrufbar.

Copyright © 1995 Diplomica Verlag GmbH
Druck und Bindung: Books on Demand GmbH, Norderstedt Germany
ISBN: 9783838640112

http://www.diplom.de/e-book/219646/das-internet

Lars-Erik Barthel

Das Internet

Chance für kleine und mittlere Unternehmen

Diplom.de

Lars-Erik Barthel

Das Internet
Chance für kleine und mittlere Unternehmen

Diplomarbeit
an der Fachhochschule Nürtingen
Fachbereich Betriebswirtschaft
Lehrstuhl für Prof. Dr. Werner Ziegler
Dezember 1995 Abgabe

Diplom.de

Diplomica GmbH
Hermannstal 119 k
22119 Hamburg

Fon: 040 / 655 99 20
Fax: 040 / 655 99 222

agentur@diplom.de
www.diplom.de

ID 4011

ID 4011
Barthel, Lars-Erik: Das Internet · Chance für kleine und mittlere Unternehmen
Hamburg: Diplomica GmbH, 2001
Zugl.: Nürtingen, Fachhochschule, Diplomarbeit, 1995

Diplomica GmbH
http://www.diplom.de, Hamburg 2001
Printed in Germany

Danksagung

An dieser Stelle möchte ich mich bei Herrn Prof. Dr. Ziegler für die freundliche Betreuung, die Ermutigung und Unterstützung bei der Erstellung dieser Arbeit bedanken. Auch Herrn Prof. Dr. Kruppa möchte ich meinen herzlichen Dank für seine wertvollen Anregungen zu Aufbau und Gestaltung aussprechen.

Mein besonderer Dank gilt Sibylle Feith, die mir unermüdlich zur Seite stand und mit sehr kompetenten Verbesserungsvorschlägen zu meiner Diplomarbeit beitrug.

Viel Energie und Motivation verdanke ich meiner Familie, die mich in meinen Zielen bestärkt und mich durch konstruktive Kritik auf meinem Weg um einen großen Schritt vorangebracht hat.

Meine Eltern standen mit Liebe und Vertrauen immer hinter mir - dafür danke ich Ihnen von ganzem Herzen.

Lars-Erik Barthel

Süßen, 1.12.1995

E/025/96 —

Inhaltsverzeichnis

Abbildungsverzeichnis

Abkürzungsverzeichnis

AOL	America Online
ARPA	Advanced Research Projects Agency
ASCII	American Standard Code of Information Interchange
Bps	Bit pro Sekunde
BTX	Bildschirmtext
CD-ROM	Compact Disk - Read Only Memory
DDV	Datendirektverbindung
DNS	Domain Name System
FTP	File Transfer Protocol
GByte	GigaByte
HTML	Hypertext Markup Language
HTTP	Hypertext Transmission Protocol
IDE	Integrated Drive Electronics
IP	Internet Protocol
ISDN	Integrated Services Digital Network
ISOC	Internet Society
Kbps	Kilobit pro Sekunde
LAN	Local Area Network
MAN	Metropolitan Area Network
Mbps	Megabit pro Sekunde
MByte	MegaByte
MIME	Multi-purpose Internet Mail Extensions
MSN	Microsoft Network

NIC	Network Information Center
NSF	National Science Foundation
PC	Personal Computer
PGP	Pretty Good Privacy
RAM	Random Access Memory
RTF	Rich Text Format
S-HTTP	Secure Hypertext Transmission Protocol
SCSI	Small Computer System Interface
SSL	Secure Socket Layer
T-Online	Telekom Online
TCP	Transmission Control Protocol
URL	Uniform Resource Locator
USA	United States of America
USENet	Users Network
UUCP	UNIX-to-UNIX-Copy Protocol
VERONICA	Very Easy Rodent-Orientated Net-wide Index to Computerized Archives
VR	Virtual Reality
VRML	Virtual Reality Markup Language
WAIS	Wide Area Information Servers
WAN	Wide Area Network
WWW	World Wide Web

1 Einleitung

Nur wenigen Themen wird in letzter Zeit eine ähnlich große Medienaufmerksamkeit zuteil wie dem Internet. Trotzdem existieren noch viele falsche Vorstellungen darüber, was unter dem Internet zu verstehen ist und wozu man es einsetzen kann.

Die Großunternehmen haben nahezu alle das immense Potential erkannt, welches das Internet birgt. Sie nutzen es schon heute, hauptsächlich als Werbemedium und zur Kommunikation mit ihren Geschäftspartnern und Kunden. Aber gerade bei kleineren und mittelständischen Unternehmen bestehen teilweise noch Vorbehalte und Hemmungen gegenüber diesem Medium und seinen kommerziellen Möglichkeiten.

Diese Vorbehalte entstehen oft aus Unkenntnis über die Funktionsweise des Internet und die Zugangsmöglichkeiten. Häufig wird bezweifelt, daß das Internet mehr ist als nur eine faszinierende technische Spielerei. Der Gedanke, daß ein Auftritt im Internet auch und gerade für kleinere Unternehmen wirtschaftlich rentabel sein kann, liegt oft fern.

Die vorliegende Arbeit soll das Fundament für Überlegungen sein, im Internet aktiv zu werden. Die Intention ist es nicht, technische und sehr spezielle Lösungen für das eine oder andere Problem in diesem Zusammenhang zu präsentieren; vielmehr soll der kaufmännischen Führung eine breite Informationsbasis und damit eine Grundlage für Entscheidungen geboten werden.

Dafür werden zuerst die Struktur und Funktionsweise des Internet erläutert sowie die grundlegenden Dienste näher beschrieben. Interessant sind in diesem Zusammenhang die verfügbaren demographischen Daten über die Kunden, die per Internet erreicht werden können. Im weiteren wird umfassend dargelegt, in welcher Form ein Unternehmen das Internet für seine Zwecke nutzen kann, welche Maßnahmen dafür ergriffen werden müssen und in welcher Größenordnung die dabei anfallenden Kosten liegen.

Gerade kleinere und mittelständische Unternehmen sollten das Medium Internet ernsthaft in ihre Planungen einbeziehen. Auf den Märkten von morgen wird ein Internet-Anschluß so selbstverständlich sein wie heute das Telefon - und Erfahrungen können nicht früh genug gesammelt werden.

2 Das Internet

'Das Internet' als konkrete Struktur oder Institution gibt es nicht. Vielmehr ist das Internet als Verbindung einer sehr großen Anzahl von Netzwerken bzw. Rechnern auf der ganzen Welt anzusehen, die miteinander Daten austauschen können.

Die Errichtung, Unterhaltung und der Ausbau der nötigen Infrastruktur verursachen hohe Kosten, weshalb oft eine große Organisation als Betreiber des Netzes vermutet wird. Auch dies ist ein Trugschluß: Das Internet gehört niemandem und kann aufgrund seiner Struktur auch von niemandem beherrscht werden. Jeder Teilnehmer finanziert einen geringen Teil des Internet selbst, nämlich die Infrastruktur seines eigenen Netzwerks und anteilig die Verbindung zum oder zu den nächsten. Durch dieses System benötigt das Internet keine zentrale Behörde und keinen großen Geldgeber und sichert sich dadurch selbst seine Unabhängigkeit (vgl. KIMMIG, S. 19).

Trotzdem gibt es Institutionen, die gewisse administrative Aufgaben wahrnehmen. Das Internet Network Information Center (InterNIC) vergibt die Adressen für neue Internet-Anschlüsse und bietet ganz allgemein Informationen für die Nutzer. Die Internet Society (ISOC) befaßt sich unter anderem mit neuen Protokollen, mit dem Betrieb und der Entwicklung des Internet (vgl. KJAER, S. 62). Diese Organisationen sind unabhängig und kümmern sich nur um technische, nicht aber um inhaltliche Belange.

2.1 Geschichte und Entwicklung

Das heutige Internet ist das vorläufige Ergebnis einer langen Entwicklung, und sicherlich wird es auf dem momentanen Entwicklungsstand nicht stehenbleiben. Trotzdem ist es wichtig zu wissen, auf welchem evolutorischen Hintergrund das Internet basiert, um Verständnis für seine Eigenheiten und Nutzungsmöglichkeiten zu entwickeln.

2.1.1 Das ARPANet

Im Jahr 1957 umkreiste der sowjetische Satellit Sputnik erstmals die Erde. In den USA rief die Regierung Eisenhower daraufhin die Advanced Research Projects Agency (ARPA) ins Leben, die der Forschungskoordinierung dienen sollte. In den Vereinigten Staaten gibt es eine lange Tradition von aus Militärbudgets finanzierter Forschung. Das berühmteste Beispiel ist das „Manhattan Engineer District"-Projekt, das am 16. August 1942 zur Entwicklung und dem Bau der Atombombe gegründet wurde. Es wurden aber keineswegs nur Themen mit direkter militärischer Verwertbarkeit gefördert, sondern auch viel Grundlagenforschung betrieben (vgl. PONNATH (a), S. 21).

An den beteiligten Institutionen waren Computer im Einsatz, die in Rechenleistung und Dimensionen mit den heutigen PCs nicht vergleichbar sind. Eine Anlage mit aus heutiger Sicht sehr geringer Leistung füllte ohne weiteres ein ganzes, vollklimatisiertes Stockwerk und verursachte monatliche Mietkosten von ca. DM 100.000,-. Rechenzeit war also etwas sehr Kostbares und so lag die Idee nicht fern, freie Kapazitäten zu vermieten.

Der enorme Kostendruck und Überlegungen zur besseren Auslastung der Systeme führte 1968 zur Gründung des ARPANet. Außerdem wollte die ARPA die Zusammenarbeit zwischen den Wissenschaftlern intensivieren und nicht zuletzt ein Kommunikationsmedium schaffen, das selbst einen nuklearen Angriff überstehen würde (vgl. NOLDEN, S. 7). Das Netzwerk wurde so konzipiert, daß es nach dem Ausfall einzelner Verbindungen oder Komponenten selbständig andere Wege nutzt, um die Funktionsfähigkeit zu gewährleisten. Diese Philosophie der Ausfallsicherheit ist natürlich auch aus heutiger Sicht und nicht nur aus militärischen Gründen sehr sinnvoll (vgl. SCHÖNLEBER / NICKLES, S. 86). Computerzentren wurden miteinander vernetzt und mit Fernverbindungen ausgestattet, wodurch den Wissenschaftlern ermöglicht werden sollte, die Rechner quasi per Fernbedienung effektiver zu nutzen.

1969 begann der erste ARPANet-Knoten an der Universität von Californien in Los Angeles zu arbeiten. Drei weitere Institutionen waren damals mit ihm verbunden, unter anderem die Universität von Californien in Santa Barbara und das Stanford Research Institute. Dieses Konglomerat war die Keimzelle des Internet. Schon 1972 war das Netz auf 50 Forschungseinrichtungen angewachsen, die alle an ARPA-Projekten arbeiteten (vgl. PONNATH (a), S. 21 f.).

2.1.2 Die Sonderstellung von UNIX

In den späten sechziger Jahren wurden die Großrechner (Mainframes), die bis dahin hauptsächlich mit Lochkarten und -streifen gesteuert worden waren, immer häufiger mit Fernschreibern verbunden, welche über das Gelände des Betreibers verteilt waren. Damit war es möglich, kleinere Rechenjobs aus der Entfernung durchführen zu lassen. Nachdem man sich beim Großrechner angemeldet hatte, liefen die Ein- und Ausgaben über diese *Terminals*.

Ein Betriebssystem sorgte für einen reibungslosen Ablauf und dafür, daß sich die verschiedenen Benutzer, die sich die Rechnerzeit des Systems teilten, nicht in die Quere kamen. Einen Standard dafür gab es allerdings nicht: Jeder Mainframe-Hersteller verwendete sein eigenes System, das von Programmierern vor Ort dann noch durch vielerlei Unterprogramme erweitert wurde. Durch diese Praxis war die Benutzung fremder Rechnerkapazitäten schwierig und eine gleichzeitige Arbeit auf mehreren Systemen geradezu unmöglich.

UNIX war eines dieser Betriebssysteme. Es wurde 1969 von Bell Laboratories entwickelt und verbreitete sich schnell vor allem an Hochschulen und Forschungsinstituten. Diese Institutionen erhielten den Quellcode kostenlos und hatten damit die Möglichkeit, den Leistungsumfang zu erweitern. UNIX wurde eines der ersten herstellerunabhängigen Betriebssysteme, und es war zur Zeit der Entstehung des Internet das am weitesten verbreitete Betriebssystem für Mehrbenutzeranlagen (vgl. PONNATH (a), S. 21). Deshalb wurden viele der Grundlagen, auf denen das Internet auch heute noch beruht, auf der Basis von UNIX-Systemen entwickelt. Allerdings ist es nicht notwendig, UNIX zu beherrschen, um das Internet zu benutzen. Das Internet verbindet heute eine Vielzahl der unterschiedlichsten Netze, und über das Internet kann man Kontakte zu Rechnern mit allen Arten von Betriebssystemen bekommen.

2.1.3 Das Übertragungsprotokoll TCP/IP

Der Datenfluß in den ersten Netzwerken, also z.B. zwischen den Fernschreibern und Computern, funktionierte nach einem ähnlichen Prinzip wie eine Sprechverbindung per Telefon: Eine Leitung war vom Anfang bis zum Ende einer Sitzung aktiv und übermittelte in dieser Zeit einen kontinuierlichen Datenstrom. Abgesehen von der Tatsache, daß diese Methode sehr störanfällig ist und darüber hinaus keine Möglichkeit zur Fehlerkontrolle besteht, verschwendet sie auch unnötig Leitungskapazität. Denn wenn keine Daten übertragen werden, wird laufend die Meldung übertragen, daß gerade keine Daten übertragen werden - die Leitung ist belegt und steht keiner anderen Nutzung zur Verfügung.

Paul Baran veröffentlichte deshalb schon im Jahre 1964 seine Idee von der Übertragung in *Datenpaketen*, die es erlaubte, nur tatsächliche Informationen zu übertragen. Zu Beginn eines Paketes wird die Meldung versandt, daß nachfolgend Daten zu erwarten sind. Diese folgen, und zum Schluß kommt die Meldung, daß die Übertragung für den

Moment beendet ist und die Leitung für anderweitige Nutzung zur Verfügung steht. Durch dieses Prinzip wird das Leitungsnetz enorm entlastet (vgl. PONNATH (a), S. 21).

Das ARPANet war von Beginn an auf diese sogenannte *Packet Switching*-Technologie ausgelegt. Zum Zeitpunkt des ersten Zusammenschlusses hatte jede der beteiligten Institutionen schon ihr eigenes *lokales Netzwerk* (Local Area Network, LAN) mit speziellen Besonderheiten. Obwohl damals UNIX schon eine gewisse Verbreitung erreicht hatte und die Kommunikation so vereinfachte, war es dennoch keine leichte Aufgabe, den Datenverkehr zwischen den Netzen reibungslos zu organisieren (vgl. PONNATH (a), S. 22).

Es bestand also der Bedarf, unterschiedliche Systeme so zu verbinden, daß sie uneingeschränkt miteinander kommunizieren konnten. Unter dem Namen „Internetting Project" gab die ARPA die Entwicklung einer entsprechenden Methode in Auftrag (vgl. NOLDEN, S. 7). Dazu mußten diverse Vereinbarungen getroffen werden, die den Austausch von Daten und die Behebung von eventuellen Übertragungsfehlern regeln. Einen solchen Satz von Vereinbarungen nennt man ein *Protokoll*.

Im Jahr 1977 wurde die erste Form des heutigen Internet-Protokolls TCP/IP entwickelt und probeweise eingesetzt. Aus dem Namen läßt sich schon ablesen, daß sich dahinter eigentlich zwei Protokolle verbergen: Das Transmission Control Protocol (TCP) verpackt die zu verschickenden Daten in kleinere Pakete und versieht diese mit Zusätzen, die man auch als 'Etiketten' bezeichnen könnte. Diese machen es möglich, die Pakete beim Empfänger wieder zu einem großen Ganzen zusammenzusetzen. Außerdem achtet TCP darauf, daß die Daten auf dem Weg zum Empfänger nicht verfälscht werden oder verloren gehen. Das Internet Protocol (IP) teilt TCP-Pakete in kleinere IP-Pakete auf und adressiert diese, damit sie den richtigen Empfänger erreichen (vgl. KROL, S. 26 ff).

Die Aufteilung in kleine, etwa 1500 Zeichen lange Pakete findet hauptsächlich aus Hardwaregründen statt und führt als Nebeneffekt dazu, daß ein überlastetes Netzwerk nicht einige Benutzer benachteiligt, sondern gleichmäßig für alle Nutzer langsamer wird.

Am 1. Januar 1983 führte das ARPANet für alle (damals 390) Hosts verbindlich das netzübergreifende TCP/IP ein. Dieser Zeitpunkt kann also als 'Geburtsstunde' des heutigen Internet angesehen werden. Der militärische Teil des ARPANet machte sich gleichzeitig als MILNet selbständig, blieb aber mit dem Forschungsnetz in Verbindung.

Im gleichen Jahr brachte die Universität von Kalifornien in Berkeley die UNIX-Version 4.2 BSD heraus, in der auch TCP/IP integriert war, was dieses Protokoll endgültig zum Standard machte (vgl. PONNATH (a), S. 22).

2.2 Grundlagen und Struktur des Internet

Da das Internet keiner zentralen Leitung unterworfen ist und keiner Organisation gehört, ist es besonders interessant, wie das Internet aufgebaut ist und auf welche Weise die Kommunikation stattfindet. Denn nicht durch einen finanziellen Beitrag oder eine offizielle Beitrittserklärung wird man Mitglied bzw. Teil des Internet, sondern schlicht und einfach durch die Teilnahme an dessen Datenverkehr. Dazu aber muß man über die Abläufe und Strukturen informiert sein.

2.2.1 Das Netz der Netze

Etwa zu der Zeit, als das Internet zu entstehen begann, wurden auch lokale Netzwerke (LANs) entwickelt. Ab etwa dem Jahre 1983, als Desktop-Workstations in größeren Stückzahlen und zu niedrigeren Preisen als zuvor angeboten wurden, wurden zunehmend mehr LANs eingerichtet. Die meisten dieser Workstations wurden mit Berkeley-UNIX ausgeliefert, was ja TCP/IP beinhaltete und damit weiter zu dessen Verbreitung beitrug.

In logischer Konsequenz entstand bald darauf der Wunsch, auch die LANs miteinander zu vernetzen oder Zugriff von einem LAN auf größere Rechner zu schaffen. LANs schlossen sich in Metropolitan Area Networks (MANs) zusammen; die nächsthöhere Stufe waren die Wide Area Networks (WANs). Diese WANs oder auch MANs stehen miteinander über sogenannte *Backbones* in Verbindung, die man sich als immens schnelle Verbindungen zwischen Supercomputerzentren vorstellen muß. Sie bilden das 'Rückgrat' des Internet.

Das Internet kann man als die Summe aller Netzwerke definieren, die unter TCP/IP miteinander in Verbindung stehen. Allerdings wird man im Internet auch auf Netzwerke treffen, die nicht auf TCP/IP basieren, mit denen eine Kommunikation unter gewissen Einschränkungen aber trotzdem möglich ist.

Wichtig ist, daß die Verwendung von TCP/IP es für das Netzwerk vollkommen unerheblich macht, ob der angeschlossene einzelne Rechner ein Macintosh, ein auf DOS oder UNIX basierender Computer ist. Für Netzwerkbelange besteht der einzige Unterschied zwischen einem 286er und einem Supercomputer, daß letzterer schneller ist (vgl. NOLDEN, S.18).

Über die Größe des Internet können nur schwer einigermaßen exakte Aussagen gemacht werden. Da das Internet niemandem gehört, hat auch niemand den Überblick und die Kontrolle. Überall auf der Welt werden Monat für Monat neue LANs ans Internet angeschlossen, andere lösen sich auf. Allenfalls kann man grobe Aussagen über die Anzahl der angeschlossenen Hosts machen. Das Wachstum des Internet vollzieht sich momentan mit großer Geschwindigkeit. Ginge dieses Wachstum ungehindert so weiter, dann hätte im Jahre 2003 jeder Mensch auf der Erde Anschluß ans Internet (vgl. PONNATH (a), S. 23). Aktuelle Schätzungen gehen von 40 bis 50 Millionen Menschen aus, die im Dezember 1995 über einen Zugang zum Internet verfügen (vgl. Kapitel 2.4).

2.2.2 Übertragungswege im Internet

Die Übertragungsart der Daten im Internet ist sehr unterschiedlich. Sie reicht von analogen Telefonleitungen über ISDN, Standleitungen, Richtfunk, Glasfaser- bis zu Satellitenverbindungen. Die Leistungsfähigkeit dieser Übertragungswege ist sehr unterschiedlich.

Eine typische Ethernet-Verbindung, die in LANs häufig verwendet wird, kann Daten mit einer Geschwindigkeit von bis zu 10 Mbps (Millionen Bit pro Sekunde) über eine Strecke von maximal einem Kilometer transportieren (vgl. NOLDEN, S. 20). Eine T3-Langstreckenverbindung, wie sie ab 1990 im Nordamerika-Backbone des NSFNet installiert wurde, arbeitet mit einer Geschwindigkeit von bis zu 45 Mbps, und 1995 werden schon Kapazitäten von 155 Mbps angeboten und genutzt. Viele Verbindungen aber verfügen auch nur über Leistungen im ISDN-Bereich (64 Kbps) oder gar darunter, wodurch nicht die Rechnerleistung, sondern vielmehr die Datenleitungen zu einem begrenzenden Faktor im Internet werden.

Durch die Struktur des Internet ergibt sich auch die Kostenträgerschaft und Verantwortung: Auf jeder Stufe übernimmt der jeweilige Besitzer der Infrastruktur die Kosten und legt auch die Richtlinien für die Benutzung fest. LANs gehören i.d.R. einer Person oder Institution, die damit auch eine Weisungsbefugnis innerhalb ihres Netzes hat und für die Infrastruktur bezahlt. Wenn dieser LAN-Besitzer einen Anschluß an das Internet wünscht, wendet er sich an einen Dienstleister, der diesen anbietet. Dieser Dienstleister wird seine Kosten nach einem festgelegten Abrechnungsmodus an den LAN-Besitzer weitergeben, zum Beispiel durch monatliche Gebühren. Daraus ergibt sich auch die Tatsache, daß die Benutzung des Internet für den Anwender prinzipiell kostenlos ist. Allerdings wird der Anwender i.d.R. gezwungen sein, den Zugang bei einem Anbieter zu kaufen, und dieser wird seine Kosten auf den Teilnehmer in einer bestimmten Form umlegen.

2.2.3 Steuerung des Datenverkehrs

Die Steuerung des Datenverkehrs in einem Netzwerk, das sich laufend und mit immenser Geschwindigkeit verändert, ist eine sehr anspruchsvolle Aufgabe. Die Tatsache, daß es nirgends eine zentrale Informationsbasis gibt, die Buch über die angeschlossenen LANs oder gar die einzelnen Rechner führt, macht die Aufgabe noch schwerer.

TCP/IP wurde unter der Annahme entwickelt, daß das Netz unsicher sei. Das heißt, daß jedesmal, wenn eine Nachricht zwischen zwei Rechnern im Internet versandt wird, die momentan günstigste Route ermittelt wird. Unter Umständen können Teile derselben Nachricht den Empfänger auf ganz unterschiedlichen Routen erreichen - durch dieses Prinzip sollte sichergestellt werden, daß das Internet auch bei Beschädigungen an einzelnen Kommunikationswegen funktionsfähig bleibt (vgl. NOLDEN, S 22). Zur Steuerung des Datenverkehrs werden im Internet unterschiedliche Komponenten eingesetzt:

- *Router* stellen die Verbindung von Netzwerken jeder Stufe mit dem Internet dar. Sie ermitteln die jeweils 'beste Route' und schicken die Datenpakete in die entsprechende Richtung los. Der Algorithmus, nach dem der Router die günstigste Route ermittelt, ist nicht eindeutig bestimmt. Kriterium für die Entscheidung kann z.B. die geographische Richtung sein. Eine andere Möglichkeit wäre es, daß der Router die Daten einfach in die Richtung schickt, in der die nächstfolgenden Netzwerke relativ gering belastet sind.

- *Bridges* steuern den Datenverkehr zwischen zwei gleichartigen angeschlossenen Netzen, wobei sie auch für die Verwaltung der einzelnen angeschlossenen Computer zuständig sind.

- *Gateways* bilden den Übergang zwischen Netzwerken, die unterschiedliche Formate verwenden. Hier müssen die Daten nicht nur in die richtige Richtung geschickt werden, sondern auch noch in das jeweilige andere Format übersetzt werden (vgl. NOLDEN, S. 23).

2.2.4 Adressierung im Internet

Jeder an das Internet angeschlossene Rechner benötigt eine eindeutige Adresse, die auch als *IP-Adresse* bezeichnet wird. Die Adressen im Internet müssen mehrere Aufgaben erfüllen. Da die Steuerung des Datenverkehrs durch Router automatisch und ohne menschliche Eingriffe ablaufen soll und muß, müssen die Adressen durch Computer lesbar und verarbeitbar sein. Sie sollen aber auch für den Benutzer, also den Menschen, praktikabel, leicht zu merken und nicht zu fehlerträchtig sein. Deshalb existieren im Internet zwei unterschiedliche Adressierungssysteme, die beide verwendet werden können.

Die computergeeignete Adresse besteht aus einer 32Bit-Binärzahl, also einer Folge aus Nullen und Einsen. Da diese dem Menschen durchaus Probleme bereitet und bei der Eingabe recht fehlerträchtig ist, ist eine numerische IP-Adresse in vier 8Bit-Blöcke aufgeteilt, die in dezimaler Schreibweise angegeben und durch Punkte voneinander getrennt werden (vgl. NOLDEN, S. 24). Innerhalb einer solchen IP-Adresse (z.B. 165.37.98.13) geben die Zahlen alle Netzwerkinformationen wieder, wobei von links nach rechts die Größe bzw. Bedeutung abnimmt. Das ist so zu verstehen, daß die Zahl ganz links ein großes Netzwerk repräsentiert, während die Zahl ganz rechts für einen einzelnen Host steht.

Da dieses Adressierungssystem immer noch recht umständlich zu handhaben ist, stellte 1984 Paul Mockapetris das *Domain Name System* (DNS) vor, das auf den numerischen IP-Adressen aufsetzt. Es dauerte etwa vier Jahre, bis alle Netzteilnehmer mit diesem System arbeiteten (vgl. PONNATH (a), S. 23). Jedem Computer im Netz wird eine eindeutige alphanumerische Adresse zugeteilt, wobei dennoch eine große Freiheit bei der Namensvergabe gewahrt bleibt. In der Entstehungszeit des Internet wurde noch eine komplette Liste geführt, in der alle angeschlossenen Hosts aufgeführt waren. Dies wurde aber aufgrund des schnellen Wachstums und der laufenden Änderungen innerhalb der angeschlossenen Netzwerke bald unpraktikabel. Das DNS schafft hier Abhilfe. Das Netz wird hierbei in eine Hierarchie verschiedener Bereiche (Domains) eingeteilt, die nach thematischen oder geographischen Gesichtspunkten gegliedert werden.

Die *TopLevel-Domains*, also die in der höchsten Hierarchie-Stufe, wurden anfänglich nach thematischen Gesichtspunkten eingeteilt. So gibt es u.a. die TopLevel-Domains

.com   für kommerzielle Organisationen und Unternehmen

.edu   für Universitäten und Bildungseinrichtungen in den USA

.gov   für Regierungen und staatliche Institutionen in den USA

.net   für Netzwerkbetreiber und Online-Dienste

.org   für private, nicht-kommerzielle Organisationen.

Diese Einteilung stammt noch aus der Zeit, als das Internet nahezu ganz auf die USA beschränkt war. Als es sich dann über den ganzen Erdball ausbreitete, wurde die Einteilung zunehmend nach nationalen bzw. geographischen Gesichtspunkten vorgenommen. TopLevel-Domains nach diesem Kriterium sind z.B.

.de   für Deutschland

.uk   für Großbritannien

.fr   für Frankreich

.at   für Österreich

.ch   für die Schweiz.

Unterhalb der TopLevel-Domains findet eine Einteilung in Domains statt, die ihrerseits wieder in verschiedene Stufen von Sub-Domains eingeteilt sein können. Einen Überblick über dieses System bietet Abbildung 1.

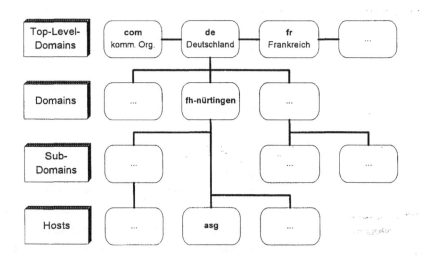

Abb. 1: Die Domain-Hierarchie
Quelle: Eigene Darstellung

Die Verwaltung der Domainnamen und v.a. die Umsetzung der Domainnamen in die numerischen IP-Adressen findet jeweils auf der entsprechenden Stufe durch sogenannte *Domain Name Server* statt. Wenn also irgendwo auf der Welt der Rechner asg.fh-nuertingen.de angesprochen wird, dann beginnt die Suche im dortigen Bereich mit einer Anfrage bei dem lokalen Domain Name Server. Entweder kennt dieser die Adresse, weil sie zu der von ihm verwalteten Domain gehört, oder er weiß zumindest, wie er an weitere Informationen kommt und gibt die Anfrage weiter.

Er erkundigt sich beim *Root Server*, also dem Server, der die TopLevel-Domains kennt, nach dem Domain Name Server der Domain '.de', also Deutschland. Von diesem erhält er dann die Adresse des Domain Name Servers der Fachhochschule Nürtingen, und von dort wird der Rechner asg an der Außenstelle Geislingen angesprochen.

Das Domain Name System eignet sich also durch seine durchsichtige Adressierung und die daraus resultierende bessere 'Merkbarkeit' für die Benutzung durch Menschen sehr viel besser als die 'nackten' IP-Adressen. Die Umsetzung in die computerfreundlichen Adressen übernimmt der Domain Name Server (vgl. HORVATH, S 71 f.).

2.2.5 Das Layered Protocol-Modell

Der Datenverkehr im Internet wird durch eine Anzahl von Protokollen geregelt, also durch Sätze von Vorschriften. Die unterschiedlichen Informationen, welche die jeweiligen Protokolle den Daten hinzufügen, dürfen natürlich nicht durcheinanderkommen. Aus diesem Grunde werden diese Zusatzinformationen in Schichten wie Zwiebelschalen um die ursprünglichen Daten herum angelegt. Für den Nutzer ist dieser Vorgang vollkommen unerheblich; subjektiv bemerkt er nur den Datenfluss vom Server zum Client (vgl. Kapitel 2.2.6), aber der Weg, den die Daten physikalisch nehmen, ist komplizierter. Eine vereinfachte Übersicht bietet die folgende Abbildung 2.

Gibt ein Anwendungsprogramm eine Datei zum Versand per Internet frei, so nimmt sich zuerst TCP dieser Datei an. Es zerteilt sie in einzelne Pakete und versieht diese mit zusätzlichen Informationen. So vermerkt TCP, wieviel Pakete für die Rekonstruktion der Datei benötigt werden und in welcher Reihenfolge sie zusammengesetzt werden müssen. Da die Pakete ja nicht zwangsläufig die gleiche Strecke zum Empfänger benutzen werden, kann auch nicht ausgeschlossen werden, daß einzelne Pakete andere überholen. Außerdem berechnet TCP eine Prüfsumme, um Veränderungen an den Daten auszuschliessen. Diese TCP-Datenpakete werden dann an das IP 'weitergereicht'.

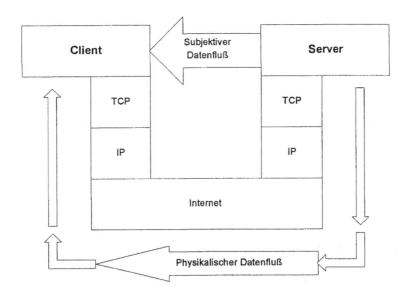

Abb. 2: Vereinfachtes Layered-Protocol-Modell
Quelle: Eigene Darstellung

Das IP zerteilt die TCP-Pakete in kleinere Pakete und versieht diese mit einer Adressierung, damit die Router die Informationspakete in die richtige Richtung weiterschicken können und sie schließlich beim gewünschten Empfänger auftauchen.

Selbst bei dieser vereinfachten Betrachtung bestehen die Pakete also aus drei Schichten, nämlich den eigentlichen Daten, den TCP-Informationen und den IP-Informationen (vgl. NOLDEN, S. 27 f.). Oft aber fügen die Netzwerke, durch die Daten transferiert werden, noch weitere, netzwerkspezifische Schichten an.

Am Zielort verläuft das Verfahren umgekehrt. IP setzt wieder TCP-Pakete zusammen, und TCP überprüft die Integrität der Daten anhand der Informationen und der mitgesandten Checksumme. Sind einzelne Pakete beschädigt angekommen oder gar verlorengegangen, so fordert TCP diese erneut an.

Schließlich rekonstruiert TCP aus den einzelnen Paketen wieder die ursprünglichen Daten und stellt sie dem Empfänger bzw. einem bestimmten Anwendungsprogramm zur Verfügung.

2.2.6 Die Client/Server-Architektur

In der Anfangszeit der Datenverarbeitung griffen die Benutzer auf die Großrechner per Terminal zu, heute bezeichnet man diese auch als „dumme Terminals". Sie hatten keine eigene Rechenleistung, sondern stellten dem Nutzer lediglich eine Verbindung zum Rechner zur Verfügung, der über die Ressourcen anbot. Bei dieser Architektur liegen die Programme, mit denen die Nutzer arbeiten wollen, nur einmal auf dem Host; wenn viele Zugriffe stattfinden, leidet das Antwortverhalten und die Geschwindigkeit unter Umständen ganz erheblich.

Auch für den heute üblichen PC gibt es Programme, mit denen man ihn als Terminal für die unterschiedlichsten Rechner verwenden kann; diese werden als *Terminal-Emulationen* bezeichnet. Bei der Verwendung des PCs als Terminal wird allerdings die Rechenleistung des PCs nicht genutzt - dieser Erkenntnis trägt das Client/Server-Modell Rechnung.

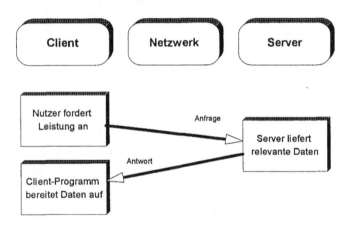

Abb. 3: Vereinfachte Darstellung einer Client/Server-Kommunikation
Quelle: Eigene Darstellung

Eine Client/Server-Lösung arbeitet mit zwei miteinander kommunizierenden Programmen, von denen eines auf dem Host, das andere auf dem Client-Rechner läuft. Das Client-Programm läuft auf dem Rechner des Nutzers und nimmt dessen Befehle oder Anfragen entgegen. Daraufhin setzt es sich mit dem Host und dem dort laufenden Server-Programm in Verbindung. Dieses nimmt den Auftrag des Clients entgegen, greift auf die Ressourcen des Hosts zu und erledigt den Auftrag und liefert dann die entsprechenden Informationen zurück. Diese nimmt das Client-Programm entgegen und bereitet sie für den Nutzer auf. Eine vereinfachte Übersicht über diese Funktionsweise bietet Abbildung 3.

Das Internet arbeitet auf Client/Server-Basis, wodurch die Hosts deutlich entlastet werden. Unter Umständen können Client-Programm und Server-Programm allerdings auch auf demselben Rechner laufen.

2.3 Dienste im Internet

2.3.1 E-Mail

In nahezu jedem lokalen Netzwerk ist es möglich, Mitteilungen an andere Nutzer zu verschicken. Das Internet bietet die Möglichkeit, solche Mitteilungen auch in jedes andere angeschlossene Netzwerk zu versenden. Eine *Electronic Mail* ist also das elektronische Pendant zum Brief, der per Briefpost versandt wird. Allerdings bietet die E-Mail eine Reihe von Vorteilen gegenüber dem Brief:

- Die Zustellung ist ungleich schneller. Ein Brief ist im besten Fall am nächsten Tag am Bestimmungsort, oft dauert es länger. Eine E-Mail dagegen trifft nahezu ohne Zeitverzögerung beim Adressaten ein, und das völlig unabhängig von der Entfernung.

- Die Kostenstruktur beim Versand von E-Mail ist wesentlich günstiger als beim Briefversand. Dieser Vorteil für die E-Mail wird umso bedeutender, je größer die Anzahl der Sendungen und die Entfernungen zu den Empfängern sind.

- Die Daten, die man per E-Mail erhält, liegen im Gegensatz zum Brief schon in elektronisch speicherbarer oder weiterverarbeitbarer Form vor; konsequenterweise können per E-Mail nicht nur Texte versandt werden. Der Standard Multi-Purpose Internet Mail Extensions (MIME) ermöglicht es, nahezu beliebige Daten per E-Mail zu verschicken (vgl. KROL, S. 147 ff.).

Eine E-Mail wird nicht an einen Hostrechner, sondern immer an einen Nutzer adressiert. Eine korrekte Internet-E-Mail-Adresse sieht immer folgendermaßen aus:

Benutzername@Host-Adresse

Das Zeichen '@' wird dabei als „at" (engl. bei) gelesen. Die Host-Adresse ist eine DNS-Adresse; die Router lesen nur diese und leiten die E-Mail nach dem o.a. Verfahren (vgl. Kapitel 2.2.4) an den angegebenen Zielrechner. Dieser liest den Benutzernamen und stellt dem spezifizierten Nutzer die Mail zur Verfügung. Der Benutzer verwendet ein Programm, um E-Mails zu lesen und zu verfassen, zu versenden und zu empfangen und oft auch zur Verwaltung.

Der Versand von E-Mails ist nicht nur innerhalb des Internet möglich, sondern kann auch in andere Netze erfolgen; auch nahezu alle Online-Dienste wie Compuserve und Telekom Online verfügen über die Möglichkeit, E-Mails mit dem Internet auszutauschen. Selbst in Regionen der Erde, in denen andere Internet Dienste nicht zur Verfügung stehen, wie z.B. in großen Teilen von Afrika, können Personen per E-Mail erreicht werden.

2.3.2 Network News

Die E-Mail als Äquivalent zum Brief dient als Kommunikationsmedium zwischen einem einzelnen Absender und einem einzelnen Empfänger. Wenn man eine größere Anzahl von Empfängern ansprechen will, dann muß man jeden einzelnen per E-Mail adressieren. Will sich jetzt eine Gruppe von Leuten untereinander austauschen, wie dies beispielsweise bei einer Konferenz der Fall wäre, so führt dies bei einer Abwicklung per E-Mail zu einem sehr komplizierten und fehleranfälligen Ablauf. Jeder, der an dieser Diskussion teilnimmt, muß jeden Beitrag eines jeden anderen erhalten. Die Liste, in der die Adressaten verwaltet werden, bezeichnet man auch als Mailing-List. Ihre Wartung wird umso komplizierter, je mehr Diskussionsteilnehmer verwaltet werden sollen. Außerdem führt dieses Verfahren zu einem unnötig großen Datenaufkommen im Netz.

Die *Network News* bieten die Möglichkeit, an beliebigen Diskussionen mit nahezu unbegrenzt vielen anderen Nutzern teilzunehmen. Trotzdem kann der Überblick gewahrt bleiben und das Netz wird nicht übermäßig belastet.

Die *Newsgroups* entsprechen den *Foren* bei den kommerziellen Online-Diensten. Nutzer haben hier die Möglichkeit, in themenbezogenen Diskussionsgruppen mit einer Vielzahl von Gleichgesinnten bzw. am gleichen Thema Interessierten in Kontakt zu treten und sich auszutauschen.

Die meisten Newsgroups sind Teil des USENet. Es entstand im Jahre 1979 und ist somit älter als das Internet. Das USENet ist ebenfalls keine physikalische Struktur, sondern ein Satz von Regeln, die sich mit dem Austausch und der Verwaltung von Newsgroups befassen (vgl. KROL, S. 178). Die Hauptstruktur des USENet besteht aus sieben Themenbereichen, die auch als „Hierarchien" bezeichnet werden:

comp   Computer, Netzwerke, Software etc.

sci   Wissenschaft

rec   Hobby, Sport, Kunst, Literatur, Film etc.

soc   Kultur und soziale Themen, Religion etc.

talk   Debatten über alle möglichen Themen

news   Informationen über das USENet selbst

misc   Alles, was nicht in die anderen Kategorien paßt (vgl. KJAER, S. 45).

Unterhalb dieser existieren weitere Unterteilungen, bis schließlich recht begrenzte Themenbereiche für die einzelnen Newsgroups entstehen.

Die Newsgroups bieten die Möglichkeit, sich mit großer Geschwindigkeit und weltweit mit Personen zu einem Themengebiet auszutauschen. Damit bieten sie eine schier unerschöpfliche Quelle von Erfahrungen und Informationen, die auf andere Art nicht oder nur unter großen Schwierigkeiten zu beschaffen wären.

2.3.3 File Transfer Protocol

Im Internet können nicht nur Informationen ausgetauscht werden. Vielmehr ist es auch möglich, Programme und Dateien über das Netz zu versenden und zu besorgen. Damit das reibungslos funktioniert, wird ein weiteres, betriebssystemunabhängiges Protokoll benötigt: das File-Transfer-Protokoll (FTP).

Welche Menge an Dateien im Internet zur Verfügung steht, kann nur geschätzt werden. NOLDEN nennt „vorsichtige Schätzungen", die von „weit über 6.000 GigaByte" sprechen (NOLDEN, S. 80). Man kann aber davon ausgehen, daß solche Schätzungen innerhalb kurzer Zeit schon wieder übertroffen sein werden.

Zum Laden von Dateien aus dem Internet benötigt man ein FTP-Client-Programm bzw. den Zugriff auf ein solches; damit läßt sich die Verbindung zu einem FTP-Server herstellen. Neben dem Übertragungsprotokoll stellt der FTP-Client auch noch diverse Befehle und Parameter zur Verfügung, mithilfe derer man sich im FTP-Server bewegt, Dateien aussucht oder den Transfer der Dateien steuert.

Für manche FTP-Server benötigt man eine Zugangsberechtigung, die man zuerst beantragen muß, bevor der Zugriff auf die Dateien dieses Servers freigegeben werden. Viele FTP-Server gestatten allerdings auch den *anonymous login*, den jeder Nutzer durchführen kann. Ohne Formalitäten stehen so unwahrscheinlich große Datenmengen zur Verfügung.

Natürlich kann es vorkommen, daß Dateien benötigt werden, von denen nicht bekannt ist, auf welchem FTP-Server sie sich befinden. In dieser Situation leistet der Dienst *Archie* gute Dienste. Archie ist ein Suchwerkzeug, das entwickelt wurde, um den schnellen und gezielten Zugriff auf FTP-Server zu ermöglichen (vgl. NOLDEN, S. 115).

Jeder Archie-Server führt eine zentrale Datenbank; darin werden Informationen über die Inhalte der FTP-Server abgelegt und regelmäßig aktualisiert. Solche Archie-Server finden sich über die ganze Welt verteilt. Der Zugriff sollte auf einen möglichst nahegelegenen Server erfolgen, um das Netz nicht übermäßig zu belasten.

Während Archie nur Verzeichnis-, Datei- und Menünamen durchsucht, geht der Dienst *Wide Area Information Servers* (WAIS) noch weiter. Er bietet eine Volltextsuche an, was bedeutet, daß der komplette Inhalt von Dateien nach den angegebenen Begriffen durchsucht wird.

2.3.4 Telnet

Telnet ist im Internet das Werkzeug für den Fernzugang, der oft auch als *remote login* bezeichnet wird. Telnet bietet dem Nutzer die Möglichkeit, auf einen Host zuzugreifen und dessen Ressourcen zu nutzen, so als säße er direkt davor. Weder für den Host noch für den Nutzer unterscheidet sich diese Zugangsart vom Zugriff über ein lokales Terminal.

Für den Zugang zu einem anderen Rechner über Telnet wird nur dessen IP-Adresse benötigt. Sobald die Verbindung hergestellt ist, zieht sich Telnet in den Hintergrund zurück und beschränkt sich auf die Funktion als Verbindungsprotokoll zwischen den Rechnern.

Beim Zugang über Telnet können Zugangsberechtigungen erforderlich sein, über welche die Kompetenzen des Benutzers auf einem Host verwaltet, überwacht und eingeschränkt werden können. Dies ist vor allem wichtig bei bestimmten Hosts, deren Ressourcen nur einem eingeschränkten Personenkreis zur Verfügung gestellt werden sollen. So kann es z.B. Wissenschaftlern ermöglicht werden, per Telnet auf einen besonders leistungsfähigen Computer zuzugreifen, wodurch dessen Rechenkapazität wesentlich effizienter und wirtschaftlicher genutzt werden kann. Während Auslandsaufenthalten können Nutzer auf die Datenbestände und Ressourcen ihrer Heimatrechner zugreifen.

Oft wird aber auch ein anonymous login ermöglicht, der jedem Interessenten bestimmte Zugriffsrechte einräumt. So werden beispielsweise große Datenbanken einer beliebigen

Anzahl von Benutzern zur Verfügung gestellt werden. Per Telnet ist es auch möglich, auf große Literaturdatenbanken oder auch Bibliotheksverzeichnisse zuzugreifen (vgl. MAIER / WILDBERGER, S. 63).

Dadurch, daß der Nutzer quasi an einem anderen Rechner arbeitet, werden ihm auch gewisse Kenntnisse abverlangt. Wenn per Telnet auf einen UNIX-Rechner zugegriffen wird, dann sollte der Benutzer auch über gewisse UNIX-Kenntnisse verfügen, da er die Verbindung sonst kaum sinnvoll kann.

Entsprechend ist es aber auch möglich, über Telnet auf einen Host zuzugreifen, auf dem Client-Programme installiert. Diese können dann aus der Entfernung genutzt werden. So können Internet-Dienste in Anspruch genommen werden, selbst wenn auf dem eigenen Rechner keine entsprechenden Client-Programme installiert sind.

2.3.5 Gopher

Für den Nutzer ist die räumliche Verteilung der Informationen i.d.R. weniger wichtig; vielmehr interessiert er sich für thematische Zusammenhänge. Trotzdem erfordern vor allem die Dienste Telnet und FTP, daß der Nutzer sich genau darüber im klaren ist, was er von wo haben will.

Gopher wurde unter der Zielsetzung entwickelt, den Zugriff auf Internet-Ressourcen möglichst einfach zu gestalten. Anders als bei Telnet oder FTP ist es nicht mehr notwendig, die Adressen der Hosts zu kennen oder zu erfahren, welche Hosts die gewünschten Ressourcen enthalten. Gopher stellt eine textbasierte Menüoberfläche zur Verfügung, mit deren Hilfe der Nutzer sehr komfortabel Ressourcen durchsuchen kann. Außerdem stellt Gopher auch die erforderlichen Clients zur Verfügung, um ausgewählte Ressourcen direkt zu nutzen. So muß sich der Nutzer über den Typ von Ressourcen keine Gedanken mehr machen, was sehr bequemes Arbeiten ermöglicht.

Im *Gopherspace*, wie die Menge an Informationen zusammenfassend genannt wird, die man über Gopher erreichen kann, sind Informationen nach inhaltlichen Gesichtspunkten geordnet. Die Systematik, nach der die Menüs aufgebaut sind, sowie der Umfang des abgedeckten Bereichs, liegt allerdings in der Verantwortung des jeweiligen Netzwerkadministrators. So kann jeder Gopher-Server eine etwas andere Struktur und unter Umständen auch unterschiedliche Bezeichnungen für ähnliche Themenbereiche haben.

Es ist von untergeordneter Bedeutung, auf welchen Gopher-Server der Nutzer zuerst zugreift: Innerhalb des Gopherspace sind konsequenterweise nicht nur Menüpunkte mit Ressourcen verknüpft, sondern auch mit neuen Menüs, und Sprünge zu anderen Gopher-Servern sind selbstverständlich. So kann sich der Nutzer von Menü zu Menü bewegen, und wenn er die gesuchte (oder eine interessante) Ressource gefunden hat, so wählt er sie aus, und Gopher weiß nicht nur, wo sie sich befindet, sondern auch, wie er sie dem Benutzer zur Verfügung stellen kann.

Gopher wurde ursprünglich an der Universität von Minnesota entwickelt, um die Studenten ohne großen Lernaufwand gezielt zu einer Vielzahl von Informationen zu führen. Man erkannte allerdings schnell, daß dieses System auch im größeren Rahmen funktionierte. 1992 errang Gopher einen Spitzenplatz im Internet-Datenverkehr.

Obwohl Gopher schon ein sehr komfortables Werkzeug ist, kann man sich leicht in den Menübäumen verirren. So entstand der Wunsch nach einer abgekürzten und automatisierten Suche. Diese bietet der Dienst VERONICA, der in vielen Gophermenüs integriert ist; man benötigt also keinen speziellen Client. Beim Aufruf verlangt das Programm ein oder mehrere Suchworte, die logisch verknüpft sein können. Dann durchsucht es nahezu alle Gopher-Server nach Dateien, Verzeichnissen oder Menüs, die das gefragte Wort enthalten. Nach Abschluß der Suche präsentiert VERONICA eine Liste, aus der direkt auf die gefundene Ressource oder das gefundene Menü zugegriffen werden kann (vgl. WEIGEL, S. 308).

2.3.6 WorldWideWeb

Der momentan am schnellsten wachsende Bereich des Internet ist zweifellos das World Wide Web (WWW). Auch in den Medien ist pausenlos vom WWW die Rede, so daß teilweise der Eindruck entsteht, das WWW wäre das Internet. Das aber ist falsch. Das WWW ist lediglich ein weiterer Dienst im Internet, der aber durch sein innovatives Konzept und sein multimediales Erscheinungsbild und damit auch durch seine Anwendungsmöglichkeiten eine Sonderstellung einnimmt.

Das im Jahr 1992 im europäischen Zentrum für Nuklearforschung CERN erfundene WWW basiert auf *Hypertext-Verbindungen*. Das bedeutet, daß beliebig viele Begriffe innerhalb eines Dokuments Verweise auf andere Dateien aufweisen können. Durch einfaches Auswählen dieses Begriffes greift der Nutzer auf die verknüpfte andere Datei zu, die wieder Hypertextverbindungen (auch *Links* genannt) enthält.

Während also bei Gopher die Informationen in einer hierarchischen Menüstruktur organisiert sind, ist im WWW der Direktzugriff auf thematisch zusammenhängende und deshalb verknüpfte Dokumente möglich.

Die Seitenbeschreibungssprache, in der die Dokumente im WWW verfaßt sind, heißt *Hypertext Markup Language* (HTML). Sie bietet nicht nur die Möglichkeit der Hypertextlinks, sondern auch eine ansprechende Gestaltung und Präsentation eines Dokuments sowie die Einbindung anderer Datenarten wie zum Beispiel Bilder und Audiodaten, die selbst dann ebenfalls wieder Verbindungen zu anderen Dateien beinhalten dürfen. In diesem Fall spricht man dann treffenderweise auch von *Hypermedia* statt - text. HTML verfügt in seiner neuesten Version zudem über die Möglichkeit, unterschiedliche Schriftarten, -formatierungen (fett, kursiv, etc.) und -größen darzustellen und dem Text so eine Form zu geben, die an moderne Textverarbeitungsprogramme erinnert (vgl. Kapitel 3.5.5.1).

Für die Nutzung des WWW benötigt man einen geeigneten Client. Diese Programme werden im allgemeinen als *Browser* (engl. 'to browse' = stöbern, sich umsehen) bezeichnet, was eigentlich die Bezeichnung für einen Hypertextleser ist. Da Web-Clients im Grunde aber genau das sind, ist die Bezeichnung durchaus zutreffend. Darüber hinaus aber sollten Browser auch Grafiken, Sounds oder gar Videos darstellen können, was bei dem Client-Rechner eine entsprechende Rechenleistung voraussetzt.

Verfügt der Nutzer lediglich über einen älteren Computer, kann er einen zeilenorientierten Browser verwenden oder gar über Telnet auf einen solchen zugreifen, muß dann aber auf die multimedialen Fähigkeiten des WWW verzichten.

2.4 Demographie des Internet

Die technischen Grundlagen des Internet geben den Rahmen vor, aber erst durch die Nutzer erhält dieses weltweite Kommunikationsmedium seine Inhalte und seine Bedeutung. Deshalb ist es wichtig zu wissen, welche Bevölkerungsgruppen das Internet benutzen, und in welcher Weise die Akzeptanz und das Angebot sich entwickeln.

2.4.1 Hosts und Datenverkehr

Da das Internet über keine zentrale Kontrollinstanz verfügt, ist es sehr schwer, genaue und vor allem aktuelle Zahlen über die Anzahl der Hosts oder über die Menge der übertragenen Daten zu machen. Die Entwicklung schreitet mit solch großer Geschwindigkeit voran, daß jede überprüfte Zahl zum Zeitpunkt ihrer Veröffentlichung schon wieder überholt ist. Trotzdem kann man tendenzielle Aussagen treffen und Schätzungen angeben.

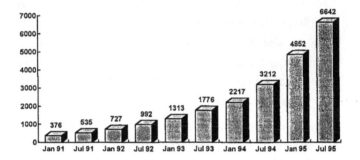

Abb. 4: Anzahl der Internet-Hosts in Tausend
Quelle: Eigene Darstellung in Anlehnung an STRASHEIM / REICHERTZ, S. 4.

Die Anzahl der Hosts im Internet betrug Anfang 1993 etwa 1,3 Millionen; Ende 1995 gehen Schätzungen von etwa 7 Millionen Hosts weltweit aus, wie aus Abbildung 4 zu entnehmen ist. Die Wachstumsrate wird auf 5 Prozent im Monat geschätzt (vgl. ANGELL / HESLOP, S. 8). Anfang 1995 waren in Deutschland über 200.000 Hosts am Internet, wobei auf einen Host statistisch zwischen sieben und acht Computer kommen (PONNATH (a), S. 23).

Die Anzahl der ans Internet angeschlossenen Netzwerke steigt rapide an. Obwohl die USA immer noch den weitaus größten Anteil der angeschlossenen Netzwerke stellen, ist ihr prozentualer Anteil im Abnehmen begriffen, da der 'Rest der Welt' stark aufholt. Außerdem ist zu bemerken, daß der Anteil der kommerziellen Netzwerke zunimmt.

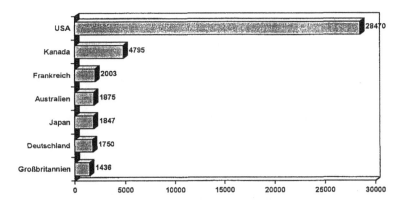

Abb. 5: Anzahl registrierter Teilnetze im Internet (5/95)
Quelle: Eigene Darstellung in Anlehnung an STRASHEIM / REICHERTZ, S. 10.

Die Darstellung in Abbildung 5 zeigt eindrucksvoll die noch bestehende Dominanz der USA im Internet. Deutschland gehört mit zu den Ländern mit der am besten ausgebauten Infrastruktur.

Wenn man den Datenverkehr im Internet nach der Art der Dienste untergliedert, die ihn erzeugen, so ergab sich Ende 1994 die in Abbildung 6 dargestellte Verteilung:

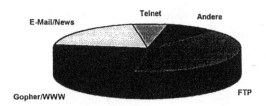

Abb. 6: Datenaufkommen im Internet nach Diensten (Ende 1994)
Quelle: Eigene Darstellung in Anlehnung an ANGELL / HESLOP, S. 10.

Der mit 40% größte Teil entfiel auf das Übertragen von Dateien per FTP. 25% wurden von den Diensten Gopher und WWW erzeugt, wobei diese Kategorie die am schnellsten wachsende ist und vor allem der Anteil des WWW in Zukunft noch ansteigen wird. E-Mail und Network News erzeugten 20% des Datenaufkommens, und der Rest von 15% entfiel auf Telnet (6%) und andere Dienste.

2.4.2 Nutzer

Auch über die Anzahl und die Zusammensetzung der Nutzer lassen sich aus den genannten Gründen nur schwer verbindliche Aussagen treffen. Schätzungen über die Gesamtzahl der Nutzer schwanken stark und liegen Ende 1995 zwischen 20 Millionen und 50 Millionen weltweit. Über die demographischen Merkmale von Internet-Nutzern liegen nur wenige Daten vor. Allerdings wurden in letzter Zeit verstärkt Untersuchungen über bestimmte Einzelgruppen durchgeführt, die sich - mit gewissen Einschränkungen - auf die Gesamtheit der Internet-Nutzer übertragen lassen.

So sind nahezu alle Internet-Nutzer auch Computer-Nutzer. Der typische Computer-Nutzer ist jung, gut ausgebildet, vorwiegend männlich und verfügt über ein überdurchschnittliches Einkommen, was eine attraktive Zielgruppe für jegliche kommerzielle Aktivität definiert (vgl. ANGELL / HESLOP, S. 8). Diese Übertragung ist allerdings sehr pauschal und deshalb nur mit Vorsicht zu treffen.

Viel genauer ist dagegen die *CommerceNet / Nielsen Internet Demographics Study*, die 1995 sowohl über das Internet selbst als auch durch klassische Telefonbefragungen durchgeführt wurde. Allerdings wurden nur Nutzer in Nordamerika erfaßt. Nielsen plant aber für 1996, vergleichbare Studien in Europa durchzuführen. Obwohl die Ergebnisse aus Nordamerika nicht ohne weiteres auf Deutschland übertragbar sind, geben sie doch einen Trend an und somit interessante Aufschlüsse über die hierzulande zu erwartende Entwicklung. Die Nielsen-Studie bestätigt einige schon länger bekannte oder vermutete Tatsachen:

- WWW-User verfügen über ein relativ hohes Einkommen und sind überdurchschnittlich gebildet.

- Rund 8% der Bevölkerung haben das WWW in den letzten drei Monaten benutzt, das entspricht 18 Millionen Menschen, während sogar 17% (37 Millionen) der über 16jährigen Amerikaner einen Zugang zum Internet haben.

- Die zeitlich kumulierte Nutzung des Internet entspricht schon der kumulierten Abspielzeit von Leihvideos, was etwas über die Eignung als Werbemedium aussagt.

Gleichzeitig bietet die Nielsen-Studie aber auch neue Erkenntnisse und räumt so mit manchen Vorurteilen auf:

- Das Internet funktioniert und fungiert allen Bedenken zum Trotz schon als Markt-platz, denn mehr als 2,5 Millionen Menschen haben Dienstleistungen oder Produkte über das WWW erworben.

- Auch das oft geäußerte Vorurteil, die Nutzer des Internet seien hauptsächlich Studen-ten, wird als solches entlarvt: nur 8% der Befragten gaben an, das Internet von ihrer Ausbildungsstätte aus zu nutzen. Dagegen benutzen es 66% von ihrem Arbeitsplatz aus und 44% von Zuhause (vgl. GERTIS (b), S. 21).

Eine *Studie von Odyssey* ergab außerdem, daß entgegen den Erwartungen 41% der Online-Nutzer Frauen sind. Darüber hinaus sind 60% der Nutzer über 35 Jahre, das Durchschnittsalter liegt bei 39 (vgl. GERTIS (c), S. 24).

Mehrere Studien haben in jüngerer Zeit speziell die *deutschen Online-Nutzer* im Visier gehabt:

- Eine repräsentative Forsa-Umfrage in Deutschland ergab, daß Ältere und Personen ohne höheren Bildungsabschluß wesentlich weniger zur Nutzung von Online-Diensten und neuen Medien neigen als Abiturienten, Hochschulabsolventen und Menschen unter 50 Jahren (vgl. KRÜGER, S. 39).

- Die Burda-Anzeigen-Marktforschung ließ aus der Studie "Typologie der Wünsche Intermedia 1995" auf der Basis von 10.000 Interviews die Interessen der Computer-und Online-Nutzer herausfiltern. Dabei zeigte sich, daß Internet-Nutzer stärker als der Bevölkerungsdurchschnitt an den Themenbereichen Wissenschaft/Technik, Kultur, ausländische Politik, Sex/Erotik, Umweltschutz und Sport interessiert sind.

- Auf der Basis von ebenfalls 10.000 Interviews ergeben sich aus der Markterhebung des MC-Online-Monitors interessante Daten zur Altersstruktur: Die - laut Studie - 310.000 privaten deutschen Internet-Nutzer (andere Schätzungen gehen von 500.000 deutschen Internet-Nutzern aus) sind vorwiegend zwischen 18 und 44 Jahren alt. Hierbei kommt auch zum Tragen, daß Studenten i.d.R. an ihrer Bildungseinrichtung über einen kostenlosen Internet-Zugang verfügen und sich dort mit der Technik und den Vorzügen des Internet vertraut machen können (vgl. o.V., Focus 36/1995, S. 160).

Eine Emnid-Befragung, die im Juni 1995 unter ca. 1000 Telekom-Online-Neukunden durchgeführt wurde, kann nicht auf die Gesamtheit der Internet-Nutzer übertragen werden. Sehr wohl aber sind alle Telekom-Online-Nutzer potentielle Internet-Nutzer (vgl. Kapitel 2.8.2) und gehören mit zur Zielgruppe:

- Nur ein Viertel der Befragten war zwischen 14 und 30 Jahren alt, unter 20 waren lediglich 3%; der Durchschnitt lag bei 37 Jahren. Die 30- bis 50-jährigen (63%) sind im Verhältnis zu ihrem Anteil an der Gesamtbevölkerung (32%) stark überrepräsentiert.

- Nahezu die Hälfte der Befragten verfügt über eine akademische Ausbildung oder die Hochschulreife, während der Bevölkerungsdurchschnitt hier nur 16,2% beträgt.

- Auch das monatliche Nettoeinkommen von über DM 3700,- liegt deutlich über dem Bundesdurchschnitt (vgl. BOLD, S. 3).

Zusammenfassend kann man also sagen, daß die Online- und Internetbenutzer eine hochattraktive, kaufkräftige, aber auch überdurchschnittlich gebildete und kritische Zielgruppe darstellen.

2.5 Kommerzialisierung des Internet

Das Internet war ursprünglich als wissenschaftliches Netzwerk geplant und behielt auch sehr lange diesen Charakter, nicht zuletzt durch die Einbindung der Regierung in die Finanzierung und Bereitstellung der physikalischen Infrastruktur.

Lange waren die Widerstände im Internet gegen die kommerzielle Nutzung sehr groß. Die National Science Foundation (NSF), die bis Mitte 1995 eine bedeutende Backbone-Verbindung in den USA betrieb, hatte aufgrund ihres wissenschaftlichen Backgrounds restriktive Benutzungsrichtlinien bezüglich dieser Verbindung aufgestellt. Da die Verbindung durch Steuergelder zu wissenschaftlichen Zwecken installiert und unterhalten wurde, war eine Beförderung von kommerziellen Daten nicht zulässig. Weil jedoch das Routing im Internet automatisch erfolgt und schwer zu kontrollieren ist, wurden diese Beschränkungen schon 1990 gelockert (vgl. ANGELL / HESLOP, S. 11).

Durch seine verworrene und sich schnell ändernde Struktur sowie durch die Tatsache, daß das Internet per Definition von niemandem kontrolliert oder gar beherrscht werden kann, war die Entwicklung nicht aufzuhalten. Immer mehr kommerziell orientierte Betreiber schlossen sich an und veränderten so den Charakter des Netzes.

Heute strebt das Internet mit hoher Geschwindigkeit der weiteren Kommerzialisierung entgegen; die weitaus größten Wachstumsraten verbucht der kommerzielle Bereich und Datenverkehr. In den USA wurde 1991 sogar beschlossen, 2,9 Milliarden Dollar Steuergelder in den Auf- und Ausbau eines Netzwerks von Hochgeschwindigkeits-Backbones zu stecken. Ein weiteres Ziel ist es, jedwede Beschränkungen für kommerzielle Aktivitäten abzuschaffen und das Internet damit allen Nutzern, auch Unternehmen, ohne Einschränkungen zur Verfügung zu stellen.

In Deutschland engagiert sich die Politik noch nicht in dem Maße, aber durch die zunehmende öffentliche Diskussion kann davon ausgegangen werden, daß sich die Rahmenbedingungen für Unternehmen auch hier weiter verbessern werden.

Durch die stark gefallenen Kosten sowohl für Nutzer als auch für Anbieter wurde das Internet für viele Unternehmen interessant. Die Möglichkeiten des World Wide Web versprechen eine ansprechende und zeitgemäße Präsenz in einer hochattraktiven Zielgruppe (vgl. Kapitel 4).

2.6 Sicherheit im Internet

Die größte Einschränkung bei der kommerziellen Nutzung des Internet über Werbung hinaus stellt die Sicherheit der Daten dar. Die Medien berichten auch darüber in kurzen Abständen. Das Hauptproblem liegt in der Struktur des Internet begründet: Die Datenpakete werden vom Absender über die Router zum Empfänger geleitet. Der Weg, den sie nehmen werden, ist nicht abzusehen und nur mit Schwierigkeiten im voraus zu bestimmen, was aber nicht immer geht und sehr unflexibel ist. So können die Datenpakete unter Umständen auf ihrem Weg durch unterschiedliche Hostrechner abgefangen werden. Der Inhalt der Pakete kann gelesen oder gar geändert werden, und es wäre denkbar, fingierte Datenpakete hinzuzufügen (vgl. REIF, S. 174).

Dies sind Probleme, die im Übertragungsprotokoll begründet sind. Die neue IP-Version 6, an der momentan gearbeitet wird, verspricht hier durch verschiedene Optionen Abhilfe. Aber die Umstellung des Internet auf die neue IP-Version wird aufgrund der gravierenden Unterschiede nur langsam erfolgen können.

Zur Verschlüsselung von Daten haben sich im Internet *PrivateKey/PublicKey-Verfahren* durchgesetzt. Dabei besitzt jeder Anwender zwei Schlüssel: Einen öffentlichen und einen geheimen. Mit dem öffentlichen Schlüssel wird eine Nachricht chiffriert, und nur wer den geheimen Schlüssel besitzt, kann die Originalnachricht wieder herstellen (vgl. CONRAD / KULZER (a), S. 5). Dieses System wurde erstmals in einem Programm namens Pretty Good Privacy (PGP) eingesetzt, das in den USA entwickelt wurde. Allerdings besteht in den USA ein Exportverbot für kryptographische Verfahren, und auch andere Staaten haben restriktive Bestimmungen diesbezüglich. Trotzdem hat sich die PGP-Methode durchgesetzt.

Für das WWW wurden in letzter Zeit zwei Sicherheitskonzepte entwickelt, nämlich Secure Socket Layer (SSL) von Netscape und Secure Hypertext Transmission Protocol (S-HTTP) von CommerceNet. SSL stellt eine zusätzliche Netzwerkschicht oberhalb der TCP/IP-Ebene dar, die eine virtuelle sichere Verbindung ermöglicht und auf die beliebige höhere Protokolle wie FTP oder HTTP aufsetzen können. S-HTTP ist noch flexibler, weil es auf der Anwendungsebene ansetzt. Es sorgt jetzt nicht nur für die Ausschaltung von Datenschnüfflern (Sniffer genannt), sondern löst im WWW auch das Problem der Identifikation: Jeder Teilnehmer kann sicher sein, mit dem richtigen Gegenüber zu kommunizieren (vgl. PONNATH (b), S. 38).

Der Web-Browser Netscape Navigator verfügt schon über dieses auf der PGP-Methode basierende Verschlüsselungsverfahren, das eine sichere Verbindung zu einem Server möglich machen soll. Das ist aber nur praktikabel, wenn sowohl der Server als auch der Client über diese Funktion verfügen; leider verwenden bisher lediglich ca. 5% der Server im WWW Software, die eine Verschlüsselung erlaubt. Der Navigator zeigt dem Benutzer an, wenn eine sichere Verbindung zustande kommt (vgl. WITTMANN, S. 178).

Doch auch auf solche Versicherungen kann man sich nicht uneingeschränkt verlassen. In der Theorie hätte man für das Entschlüsseln des Codes selbst mit Hilfe der schnellsten Computer mehrere Milliarden Jahre benötigt. Doch da der Navigator keine echten, sondern nur aus verschiedenen Ausgangswerten (z.B. der Uhrzeit) berechnete Zufallszahlen verwendete, konnten Hacker ein Verfahren entwickeln, das die Sicherung innerhalb 25 Sekunden ausschaltete. „Unsicherer Software zu vertrauen ist schlimmer, als gar keinen Schutz zu haben", kommentierten sie ihren Erfolg. Netscape reagierte prompt und schloß diese Sicherheitslücke (vgl. SCRIBA, S. 205).

Bei der besonderen Aufmerksamkeit, welche die Medien der Sicherheitsproblematik im Internet widmen, wird teilweise aber auch Hysterie geschürt; eine Relativierung der Gefahren wird kaum betrieben. So kann eine Kreditkartennummer nicht nur über das Internet in die Hände Dritter gelangen; vielmehr erhält bei jeder Zahlung per Kreditkarte ein Dritter Kenntnis davon. Just deswegen ist auch die Haftung des Kreditkarteninhabers beschränkt. Ein anderes Beispiel ist die Kontoführung per Homebanking. Oft werden die Codes (PINs und TANs) zwecks komfortablerer Abwicklung in den Rechner eingegeben; erhält jetzt ein Dritter Zugang zum Rechner, kann er theoretisch bis zur Grenze des Dispolimits Geld auf ein anderes Konto überweisen - ohne Haftungsgrenze (vgl. EDER, S. 62).

Sicherheit im Internet läßt sich momentan noch nicht garantieren, aber durch sorgfältiges Umgehen mit dem Medium Internet können viele Gefahren ausgeschlossen werden. Es ist darüber hinaus abzusehen, daß mit der weiteren Kommerzialisierung immer mehr Sicherheitslücken geschlossen werden und neue Verfahren entwickelt werden. Niemals allerdings wird man ausschließen können, daß Nachlässigkeit und menschliches Versagen Sicherheitslöcher eröffnen, die unter Umständen auch genutzt werden.

2.7 Der Zugang zum Internet für Privatpersonen

Lange Zeit war das Internet außer für Wissenschaftler und Mitarbeiter großer Institutionen nur noch für Studenten erreichbar, die den Zugang über ihre Universitäten erhielten. Ein direkter Anschluß ans Internet mit Hilfe einer Workstation kostete aufgrund der hohen Aufwendungen für Hard- und Software sowie für die Kommunikation mehrere tausend Mark.

Deshalb bildeten sich Vereinigungen, innerhalb derer die Fixkosten auf die Mitglieder verteilt wurden und der Anschluß gemeinsam genutzt wurde, wodurch die Zugangskosten für den einzelnen erschwinglich wurden. In Deutschland schlossen sich die meisten dieser Vereinigungen in zwei Organisationen zusammen, dem sub-Netz e.V. und dem Individual Network e.V., die auch heute noch beide überregional Zugänge vermitteln.

Durch das zunehmende Interesse am Internet und dem exponentiell wachsenden Zulauf, gerade von Privatpersonen, beginnen auch immer mehr kommerzielle *Internet-Provider*, die früher vor allem mit Unternehmen zusammenarbeiteten, spezielle Angebote für private Interessenten zu führen. Diese Provider verkaufen den Zugang zum Internet über ihre Infrastruktur. Die Zugangspunkte, die von den Providern betrieben werden, befinden sich hauptsächlich in den größeren Städten; Benutzer, die nicht im Ortsnetzbereich eines solchen Zugangspunktes wohnen, haben höhere Verbindungsgebühren zu tragen.

Die Tarifstruktur ist recht unterschiedlich. Manche Provider rechnen nach einem Zeittakt ab, andere nach der Menge der übertragenen Daten, während manche Angebote auch beide Berechnungsarten kombinieren. Auch Pauschaltarife werden angeboten. Welche Angebote die günstigsten sind, hängt sehr stark von den Interessen und der Nutzungsstruktur des einzelnen ab und kann somit nicht pauschal beantwortet werden.

Obwohl also die eigentliche Benutzung des Internet kostenfrei ist, fallen für den privaten Internet-Nutzer zwei Kostenarten an: Der Tarif, den der Provider für die Bereitstellung und Nutzung seiner Infrastruktur berechnet sowie die Telefongebühren zwischen Privatperson und dem Einwählpunkt des Providers.

2.8 Kommerzielle Online-Dienste

Der Gedanke liegt nahe, daß neben dem boomenden Internet keine anderen Online-Dienste mehr wirtschaftlich betrieben werden können. Und doch bieten mehrere kommerzielle Online-Dienste Leistungen an und melden monatlich neue Wachstumsrekorde. In den USA verfügten zum 30. September 1995 8,4 Millionen Haushalte über 9,85 Millionen Nutzerberechtigungen bei den kommerziellen Online-Diensten. Das entspricht im Verhältnis zum Vorjahr einer Steigerung von 78% (vgl. GERTIS (a), S. 17). Bis zum Jahresende 1995 wird diese Zahl weit über 10 Millionen liegen.

Diese kommerziellen Online-Dienste versuchen der Konkurrenz durch das Internet zu entgehen, indem sie es in ihre Leistungspalette mitaufnehmen. Nahezu alle Dienste bieten ihren Kunden in der Zwischenzeit die Möglichkeit des Internet-Zugangs an oder planen dies zumindest. Dadurch wird das Internet einmal mehr seiner ursprünglichen Intention gerecht, nämlich verbindendes Element zwischen unterschiedlichen Netzen zu sein.

2.8.1 Compuserve

Compuserve wurde 1979 gegründet und ist damit der älteste kommerzielle Online-Dienst. Über 3,5 Millionen Menschen weltweit nutzen diesen Dienst, davon in Deutschland etwa 200.000. Compuserve bietet schon länger den Internet-Zugang an und stellt auch seine eigenen Inhalte Zug um Zug auf das WWW-Format HTML (vgl. Kapitel 3.5.5.1) um. Parallel dazu soll Unternehmen der Einstieg in das WWW durch zusätzliche

Dienstleistungen erleichtert werden. Compuserve plant, unter Umständen auch als Internet-Provider in Erscheinung zu treten.

Compuserve wendet sich mit seinem internationalen Informationsangebot und seinen zahlreichen Diskussionsgruppen vor allem an Profi-Anwender und Geschäftsleute. Für eine effektive Nutzung des informationsorientierten Angebotes sind gute Englischkenntnisse von Vorteil.

2.8.2 Telekom Online

Der Online-Dienst der deutschen Telekom, der 1981 als Bildschirmtext (BTX) eingeführt wurde und dann Datex-J hieß, ist mit über 900.000 Teilnehmern in Deutschland Marktführer. Im Herbst dieses Jahres eröffnete die Telekom den Internet-Gateway, der Telekom Online-Nutzern den Zugang zum Internet ermöglicht. Die Telekom bietet flächendeckend den Zugang zum Ortstarif, was einen großen infrastrukturellen Vorteil ausmacht. Allerdings sind Modem-Zugänge bisher nur in den Ballungszentren mit mehr als 2.400 bps möglich, was eine Nutzung des Internet, besonders natürlich des World Wide Web, aufgrund mangelnder Bandbreite unpraktikabel erscheinen läßt. Doch ISDN-Zugänge mit einer Bandbreite von 64 Kbps stehen bundesweit zum Ortstarif zur Verfügung, und in vielen ländlichen Gegenden ist die Telekom somit auch der kostengünstigste Internet-Provider.

Telekom Online bietet ein breitgefächertes Angebot wie Nachrichten, Wirtschafts- und Finanzinformationen und vor allem Telebanking, das in Deutschland nur über Telekom Online möglich ist.

2.8.3 America Online

America Online (AOL) wurde 1985 gegründet und hat in den USA etwa 4 Millionen Nutzer. In Deutschland läuft der Testbetrieb für die geplante Einführung in Partnerschaft mit der Bertelsmann AG. AOL hat sein Angebot ganz auf den Privatkundenbereich ausgerichtet und stellt unter anderem interaktive Zeitschriften und Zeitungen sowie Diskussionsforen zur Verfügung. In der Benutzeroberfläche von AOL ist ein Web-Browser integriert, und von vielen AOL-Inhalten ist ein direktes Verzweigen ins WWW möglich. Außerdem plant AOL, in absehbarer Zeit jedem Nutzer die Möglichkeit zu bieten, eine eigene Homepage inlusive Grafiken im WWW zu unterhalten (vgl. BORCHERS (a), S. 74).

2.8.4 Microsoft Network

Das Microsoft Network (MSN) hat schon vor seinem Start Staub aufgewirbelt. Microsoft hat die Zugangssoftware in sein neues PC-Betriebssystem Windows 95 integriert, was die amerikanischen Kartellbehörden auf den Plan rief.

MSN befindet sich noch in der Aufbauphase, soll aber angeblich schon über mehr als 500.000 Nutzer verfügen (Microsoft veröffentlicht dazu keine Zahlen). Sicher ist jedoch, daß auch das Microsoft Network mittelfristig einen Internet-Zugang anbieten wird.

2.8.5 Europe Online

Die Entwicklung von Europe Online ist vielleicht ein Vorbote der Entwicklung, die für die kommerziellen Online-Dienste langfristig zu erwarten ist. Der Burda Verlag plante einen europäischen Online-Dienst zusammen mit mehreren Partnern. Fehler in der Zugangs-Software verzögerten den Start, und immer mehr Gesellschafter stießen ihre Beteiligungen ab; v.a. der Ausstieg des Springer-Verlages erfolgte mit einer interessanten Begründung: Man wolle sich mehr auf Inhalte konzentrieren und diese im Internet anbieten.

Schließlich änderte Burda die Strategie drastisch; Europe Online startet noch Ende 1995, allerdings nicht mehr als eigenständiger Online-Dienst, sondern als Anbieter direkt im Internet. „Online-Kommunikation wird über das Internet nach Europa kommen, nicht über geschlossene Systeme. Das Internet ist die Winning Application im Kampf um die Online-Märkte." äußerte sich Dr. Hubert Burda dazu (vgl. SEBALD (b), S. 4). Diese Ansicht deckt sich mit der Erwartung von Jim Clark, dem Geschäftsführer von Netscape Communications (dem Marktführer bei Web-Browsern). Er prognostiziert eine zukünftige Arbeitsteilung zwischen Online-Diensten, Internet und Softwareanbietern. Die Online-Dienste stellen keine Infrastruktur und Software mehr zur Verfügung, sondern werden zu reinen Anbietern von Inhalten, die über das Internet verbreitet werden. Die entsprechende Software dafür wird von spezialisierten Unternehmen angeboten (vgl. CLARK (a), S. 216).

3 Das Unternehmen im Internet

Die kalifornische Marktforschungsfirma Dataquest Inc. stellte vor kurzem die Ergebnisse einer Untersuchung vor: 60% der Entscheidungsträger in US-Technologiefirmen verfügen bereits über einen Zugang zum Internet, und 70% davon halten es für nützlich (vgl. POLETTI, S. 16). Diese Erhebung deutet eine Entwicklung an, die in den nächsten Jahren deutlich zunehmen wird: die Internet-Anbindung für Unternehmen.

Zwei Trends bestimmen zur Zeit hauptsächlich die zunehmende Attraktivität des Internets für Unternehmen:

- Das Internet entwickelt sich von einem Expertenmedium zu einem Verbrauchermedium und wird damit immer mehr zu einem Abbild der Gesellschaft. Trotzdem zeichnen sich die Internet-Benutzer durch bestimmte demographische Merkmale aus, die sie zu einer besonders attraktiven Zielgruppe machen (vgl. Kapitel 2.4.2). So wächst mit dem Interesse der Gesellschaft, mit der zunehmenden Frequentierung und der wachsenden Informationsvielfalt im Internet gleichzeitig der Reiz für Unternehmen, dort mit eigenen Diensten und Leistungen aufzutreten.

- Die Kosten, die ein Internet-Zugang sowie die Bildung und Wartung einer dauerhaften Internet-Präsenz verursachen, sind stark gefallen und nun auch für kleinere Unternehmen erschwinglich. Durch die Änderung des Klimas im Internet gegenüber kommerziellen Anbietern und Nutzern entstanden auch Provider, die auf Unternehmen als Kunden abzielen. Durch die Konkurrenz unter den Providern sinken die Preise, und auch für kleinere Unternehmen existieren in der Zwischenzeit attraktive Angebote.

Aber weshalb sollte sich nun ein Unternehmen für den Anschluß ans Internet interessieren? Nachfolgend sollen nur einige der sich heute ergebenden Möglichkeiten aufgezeigt werden. Die Kommunikationstechnologie und das Internet entwickeln sich jedoch mit einer solch ungeheuren Dynamik und Geschwindigkeit weiter, daß schon in wenigen Jahren weitere Möglichkeiten offenstehen können, an die heute noch niemand denkt.

Außerdem ist schon heute abzusehen, daß in nicht allzu langer Zeit eine Anbindung ans Internet so selbstverständlich sein wird wie heute ein Telefonanschluß. Die Unternehmen, die zu diesem Zeitpunkt schon über Erfahrungen in diesem Bereich verfügen, werden immense Vorteile am Markt und einen bedeutenden Vorsprung ihren Konkurrenten gegenüber haben (vgl. KULZER, S. 66). „Viele deutsche Unternehmen haben erkannt, daß jetzt der richtige Zeitpunkt ist, um ins Internet zu gehen. Fehler, die später viel Geld kosten werden, sind heute noch vergleichsweise billig" (STRASHEIM / GOTTSCHALK (a), S. 184). Die wenigen tausend DM, die ein Internet-Auftritt an Kosten verursacht, sind damit eine Investition in die Zukunft. Darüber hinaus sind die ca. 40 Millionen Nutzer des Internets weltweit potentielle Kunden, welche die Unternehmen nicht ignorieren können (vgl. SPENGLER, S. 29)

3.1 Vorteile für ein Unternehmen

Die Ergebnisse einer Umfrage, die unter Unternehmen durchgeführt wurde, die schon über einen Internet-Zugang verfügen, sind in Abbildung 7 ersichtlich. Die Umfrage ergab u.a., daß der Großteil der Unternehmen das Internet hauptsächlich zur Informations-beschaffung und als Quelle für technischen Support nutzt. Fast überhaupt keine Bedeu-tung hat die Bestellannahme, sicherlich hauptsächlich aufgrund der ungeklärten Sicher-heitsproblematik.

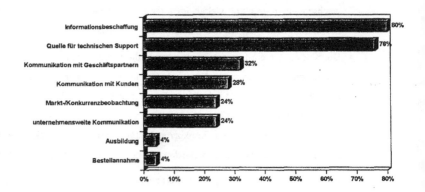

Abb. 7: Zweck der Internet-Nutzung von Unternehmen
Quelle: Eigene Darstellung in Anlehnung an STRASHEIM / GRUBER, S. 22.

Prinzipiell können die Auswirkungen und Möglichkeiten, die das Internet einem Unter-nehmen bietet, in zwei Kategorien unterteilt werden:

- Verbesserungen und neue Möglichkeiten, welche die innere Organisation des Unter-nehmens betreffen

- Möglichkeiten, welche die Außenbeziehungen des Unternehmens betreffen.

3.1.1 Interne Vorteile

Die Zusammenarbeit zwischen Mitarbeitern kann mit Hilfe von E-Mail und dem Versand von Dateien per FTP verbessert und intensiviert werden. Diese Hilfsmittel sind natürlich nicht nur im lokalen Netzwerk anwendbar - dazu bräuchte man das Internet nicht. Filialen und Partnerfirmen sowohl im nächsten Ort als auch auf der ganzen Welt lassen sich schnell und sicher erreichen. Der große Vorteil gegenüber anderen Kommunikationswegen ist sicherlich, daß übertragene Daten sofort und ohne zeit- und kostenintensive Transformation elektronisch archivierbar sind und zur ebenfalls elektronischen Weiterverarbeitung bereit stehen. Der elektronische Datenaustausch kann kostengünstig und problemlos durchgeführt werden.

Durch die systematische Ausnutzung des Internet kann sich ein Unternehmen einen nicht zu unterschätzenden Informationsvorsprung vor seinen Konkurrenten sichern. Das Internet bietet den Zugang zu einer ungeheuren Fülle von Daten und Informationen, Neuheiten aus der Branche und der Forschung stehen nahezu ohne Zeitverzögerung zur Verfügung.

Schon heute lassen sich über das Internet Telefongespräche führen, die zwar noch nicht so komfortabel sind wie auf dem traditionellen Weg, aber vor allem bei Interkontinentalgesprächen konkurrenzlos günstig. Das Angebot neuer Möglichkeiten - wie z.B. Videokonferenzen über das Internet - läßt sich absehen.

3.1.2 Externe Vorteile

In der Beziehung des Unternehmens zu Kunden, Lieferanten und Partnerfirmen bietet das Internet Möglichkeiten für eine neue Art von interaktiver Werbung, für Produktinformationen, Kundenservice und -support (vgl. ANGELL / HESLOP, S. 15). Ein großer Vorteil, den die nachfolgend aufgeführten Möglichkeiten gemeinsam haben, ist die Globalität der Angebote: Jegliches Leistungsangebot, sei es Werbung, eine Hotline oder Informationsbereitstellung, erfolgt ohne Aufpreis weltweit. Darüber hinaus stehen die Angebote typischerweise rund um die Uhr zur Verfügung.

Die Kommunikation mit Kunden kann direkt und unmittelbar erfolgen; Kunden können angeforderte Daten oder Informationen direkt per E-Mail oder FTP erhalten. Dateien in jeglichem Format können schnell und bequem bestimmten Personen(-gruppen) oder der Öffentlichkeit zur Verfügung gestellt werden. Informationen über das Unternehmen werden sehr schnell bekannt gemacht und gezielt an bestimmte Personengruppen verteilt.

Informationen in Form von Broschüren, Prospekten, Mitteilungsblättern und Katalogen können online publiziert werden. Diese Art der Bereitstellung ist in vielen Fällen wesentlich kostengünstiger als der traditionelle Weg, bei dem ein gedrucktes Werk per Post potentiellen Interessenten zugestellt wird. Denn erstens spart man sich die Kosten für Druck und Transport, und zweitens ist die Quote der Daten, die ungelesen in die Ablage wandern, potentiell geringer, da Interessenten zielgerichteter und trennschärfer angesprochen werden können bzw. selbst aktiv werden.

Der Begriff des *Teleshoppings* ist mit dem mißglückten Start von Home Order Television, einem Spartenfernsehkanal, sehr aktuell. Noch aber hält sich das Interesse am Homeshopping per Internet in Grenzen - hauptsächlich wohl wegen der noch ungeklärten Sicherheitsfrage und der damit verbundenen Schwierigkeit, finanzielle Transaktionen per Internet durchzuführen (vgl. Kapitel 3.6). In den USA beweisen schon zahlreiche Unternehmen, daß in virtuellen Geschäften sehr wohl Umsätze getätigt werden können. Eine Prognose von Killen & Associate geht davon aus, daß im Jahr 2000 Waren im Wert von über 600 Milliarden Dollar über das Internet verkauft werden (vgl. THOMAS, S. 207).

Mit Herstellern auf der ganzen Welt läßt sich ein enger und gegenseitiger Kontakt halten. Die Mitteilung von Neuerungen und die Abstimmung von Vorgehensweisen werden beschleunigt.

Durch elektronische Supportsysteme kann ein sehr kostengünstiger Support für Kunden aufgebaut werden; so lassen sich zum Beispiel Schaltpläne oder Reparaturanleitungen recht einfach auf WWW-Seiten präsentieren.

Wenn die Kosten für traditionelle Werbeaktionen mit denen eines Internet-Auftritts verglichen werden, kann man oft feststellen, daß das Internet wesentlich kostengünstiger ist. Außerdem bietet das Internet, anders als viele andere Werbemedien, die Möglichkeit der Interaktion mit dem Interessenten oder potentiellen Kunden. Genau hier entstehen aber auch die eigentlichen Kosten der Internet-Präsenz: die Präsentation von Informationen ist mit relativ wenig Aufwand zu haben; aufwendig dagegen ist der Dialog mit dem Markt. Denn das Internet ist aufgrund seiner Struktur kein einheitlicher, homogener Markt, sondern besteht aus einer großen Anzahl von unterschiedlichen virtuellen Gemeinschaften (vgl. ANGELL / HESLOP, S.16 f.).

3.2 Die Planung und Vorbereitung

Wenn nun die Nutzung des Internet von einem Unternehmen ins Auge gefaßt wird, so sollte man sich über mehrere Dinge im klaren sein. Die Erwartungen sollten nicht zu hoch angesetzt werden; der Auftritt des Unternehmens im Internet sollte als Prozeß betrachtet werden, der sich langsam und in Etappen voranentwickelt.

Die Nutzung des Internet für kommerzielle Aktivitäten ist vergleichsweise Neuland, und alle Komponenten wie Technologie, Nutzer, Preise und Dienste befinden sich in einem Zustand permanenter Veränderung (vgl. ANGELL / HESLOP, S. 19 f.). Zwei grundlegende Trends können ausgemacht werden: Die Preise sinken und die Qualität der angebotenen Dienste nimmt zu. Die Konkurrenz unter den Providern wird größer, und im selben Maße, wie die Technik sich weiterentwickelt und der Anschluß ans Internet immer einfacher und kostengünstiger wird, wird auch die Konkurrenz unter den Anbietern zunehmen (vgl. ANGELL / HESLOP, S. 19 f.).

Das Internet sollte nicht als abgegrenzter Bereich betrachtet werden, sondern auf lange Sicht in den Geschäftsablauf integriert werden. Nur so lassen sich die Potentiale, die das Internet bietet, effektiv für das Unternehmen nutzen.

Da die Nutzung des Internet für den Geschäftsablauf ein relativ neues Konzept ist und demzufolge auch kaum Erfahrungswerte, schon gar keine individualisierbaren, vorliegen, wird der Prozeß der Integration des Internet zumindest zu einem Teil auf 'Versuch und Irrtum' basieren. Im selben Maße aber, wie die Nutzung des Internet in das Unternehmen integriert wird, nehmen auch Erfahrung und Know-how zu, Korrekturen können vorgenommen sowie zukünftige Aktionen besser beurteilt werden.

Das Internet-Engagement sollte als Investition in die Zukunft betrachtet werden - das heißt nicht, daß nicht auch schon in der Gegenwart Gewinne daraus entstehen können; vielmehr wird die strategische Bedeutung einer Internet-Präsenz in Zukunft enorm zunehmen, was 'schlechte' Ergebnisse in der Gegenwart relativiert.

Die Internet-Präsenz des Unternehmens sollte schrittweise ausgebaut werden, wobei die ursprünglichen Ziele und gefaßten Pläne geduldig und ausdauernd verfolgt werden sollten (vgl. ANGELL / HESLOP, S. 20).

Die Leistungen und Dienste, die das Unternehmen in Anspruch nehmen wird, verursachen teilweise sehr unterschiedliche Kosten; deshalb ist es unbedingt nötig, die verschiedenen Alternativen zu vergleichen, dabei auch die geplante bzw. erwartete Entwicklung einzubeziehen und die individuell günstigste Variante zu wählen. Sehr günstig erscheinen oft sogenannte Pauschalpreise, die unterschiedliche Dienstleistungen beinhalten; auch diese sollten im Zusammenhang mit der beabsichtigten Nutzungsstruktur genauestens geprüft werden.

Von unschätzbarem Vorteil ist ein gewisses Know-how selbst dann, wenn das Unternehmen beabsichtigt, einen Dienstleister mit der Durchführung der Internet-Anbindung zu betrauen. Denn wenn im Unternehmen niemand über die Möglichkeiten und Inhalte des Internet unterrichtet ist, entscheiden letztendlich die beauftragten Partner über die Strategie des Internet-Engagements - das sollte tunlichst vermieden werden. Sicherlich ist es hilfreich, mit Internet-Providern, unabhängigen Beratern und auch anderen Unternehmen, die bereits im Internet vertreten sind, zu sprechen und von deren Erfahrungen zu profitieren.

Auf jeden Fall aber sollte aus lauter Faszination über die neuen Möglichkeiten und die fortgeschrittene Technik eines nicht außer Acht gelassen werden: Das eigentliche Ziel des Internet-Engagements sollte es sein, mittel- oder zumindest langfristig die Effizienz zu erhöhen. Darüber hinaus kann das Unternehmen sich einen Vorsprung gegenüber seinen Konkurrenten zu verschaffen, der sich mit großer Wahrscheinlichkeit in Zukunft auszahlen wird.

Das Internet eröffnet sicherlich große Möglichkeiten für nahezu jede Art von Unternehmen. Aber je kleiner ein Unternehmen, und was viel wichtiger ist, je regionaler begrenzt der Horizont seiner Interaktionen ist, desto genauer sollte geprüft werden, in welchem Maße sich ein Engagement im Internet lohnt, und inwiefern die Möglichkeit besteht, daß dieses Engagement sich auszahlen wird.

3.2.1 Prinzipielles zum Auftreten im Internet

Der wissenschaftliche und technische Charakter des Internet führte dazu, daß kommerzielle Aktivitäten lange Zeit verpönt waren. Versuche einzelner, das Netz im Sinne eines Transportmediums für konventionelle Werbung in Form von unverlangt zugesandten E-Mails zu nutzen, wehrte die Netzgemeinschaft konsequent und sehr effektiv ab. Dazu bediente sie sich häufig eines Mittels, das „Mail-Bombing" genannt wird. Die Person oder Organisation, die für die nicht akzeptierte Vorgehensweise verantwortlich war, wurde mit Unmengen von - u.U. auch sehr unfreundlichen - E-Mails überhäuft, wodurch der Provider oftmals gezwungen wurde, dem Betreffenden die Zugangsberechtigung zu entziehen.

Obwohl das Internet sich heute für kommerzielle Dienste, Informationen und Angebote geöffnet hat, sollte man sich doch der Tatsache bewußt sein, daß gewisse Konventionen und Tabus immer noch existieren. So ist es immer noch verpönt, kommerzielle Aktivitäten im Bereich der Network News, also in den Diskussionsgruppen zu entfalten. Prinzipiell kann man sagen, daß kommerzielle Aktivitäten im Internet umso schlechter akzeptiert werden, je offensiver und aggressiver sie durchgeführt werden.

Die traditionelle Form der Werbung wie Anzeigen, Werbespots oder Massensendungen funktioniert im Internet so nicht. Bei offensiven Aktionen dieser Art besteht eine recht große Wahrscheinlichkeit, daß man innerhalb von wenigen Tagen in großen Teilen des Internet diskreditiert ist. Auf jeden Fall arbeitet man mit einem solchen Vorgehen eher gegen als für die eigenen Interessen.

Tendenziell eher akzeptiert sind Auftritte, die auf dem *Anforderungsprinzip* basieren, also Informationen nur den Benutzern zur Verfügung stellen, die sie auch angefordert haben. Das erscheint zuerst recht defensiv; aber durch die effektiven Suchmöglichkeiten und die besondere Struktur des Internet kann man Vorkehrungen treffen, daß möglichst viele Nutzer angesprochen werden. Zusätzlich sollte man darauf achten, daß der eigene Auftritt eher an Inhalten orientiert ist als 'plakative Effekthascherei'. Reine Werbebotschaften sollten vermieden, sondern vielmehr in einen *informativen Background* eingebettet werden. Wenn diese zwei grundlegenden Regeln befolgt werden, kann man davon ausgehen, daß der eigene Auftritt im Internet als zusätzliche Ressource akzeptiert wird und nicht als Ärgernis angesehen wird.

ANGELL / HESLOP empfehlen, den Auftritt im Internet so zu betrachten und anzugehen wie den Eintritt in einen fremden Markt, z.B. den ersten Auftritt im Ausland (vgl. ANGELL / HESLOP, S. 15 f.). Wer sich der Kultur des Internet mit Geduld, Sorgfalt und einer gewissen Sensibilität nähert und dann seinen Auftritt im Internet daran anpaßt, der wird potentiell mehr Erfolg haben als jemand, der ohne Gespür und Erfahrung alte 'Erfolgsrezepte' in diese Umgebung überträgt, ohne Rücksicht auf die Eigenheiten und das besondere Klima des Internet.

Es ist also vorteilhaft, sich Zeit zu nehmen und langsam auszuloten, was im Internet noch akzeptabel ist und was nicht - diese Grenzen sollten im eigenen Interesse respektiert werden.

3.2.2 Wozu soll das Internet genutzt werden?

Prinzipiell kann man die möglichen Aktivitäten des Unternehmens im Internet in zwei Arten unterteilen: Zum einen in die Bereiche, in denen das Unternehmen als passiver Nutzer auftritt, also Leistungen in Anspruch nimmt. In diesen Bereich fallen sicherlich E-Mail und Network News, aber je nach Nutzung auch ganz andere Internet-Dienste. Der andere Teil sind die Bereiche, wo das Unternehmen als selbst aktiv wird, also als Anbieter von Leistungen auftritt. Das kann die Einrichtung eines Mail-Servers ebenso sein wie die Bereitstellung von Dateien per FTP, Präsenz im Gopherspace oder im World Wide Web.

Im Falle der passiven Nutzung muß geklärt werden, wie viele Mitarbeiter im Unternehmen auf Dauer Zugriff aufs Internet benötigen und welche Dienste sie vornehmlich nutzen werden. Interessant ist in diesem Zusammenhang die schon zitierte Umfrage unter Unternehmen, die bereits über einen Internet-Anschluß verfügen. In Abbildung 8 ist dargestellt, wieviele Mitarbeiter in den Unternehmen jeweils Zugang zum Internet haben.

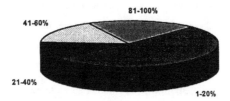

Abb. 8: Anteil der Mitarbeiter mit Internet-Zugang
Quelle: Eigene Darstellung in Anlehnung an STRASHEIM / GRUBER, S. 22.

In mehr als der Hälfte der befragten Unternehmen besitzt nur ein geringer Anteil der Mitarbeiter Zugang zum Internet. Nur in 20% der befragten Unternehmen hatten alle Mitarbeiter einen Zugang. Diese Beschränkung auf wenige bis einige ausgewählte Mitarbeiter ist mit Blick auf die Produktivität durchaus sinnvoll; denn wenn einem Mitarbeiter, der den Zugang nicht benötigt, dieser gewährt wird, verursacht das nur unnötige Kosten und stellt eine potentielle Ablenkung des Mitarbeiters dar.

Oft läßt sich eine Abgrenzung nach Abteilungen durchführen; für manche Abteilungen ist ein Internet-Zugang prinzipiell sinnvoller als für andere. Abbildung 9, die wieder auf der genannten Umfrage beruht, zeigt die Abteilungen der befragten Unternehmen, die über einen Zugang verfügen.

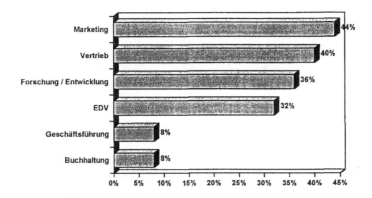

Abb. 9: Abteilungen mit Internet-Zugang
Quelle: Eigene Darstellung in Anlehnung an STRASHEIM / GRUBER, S. 22.

Diese Auflistung überrascht nicht, korrespondiert sie doch mit Abb. 7. Gerade Marketing und Vertrieb sind in besonderem Maße auf die Kommunikation mit den Kunden angewiesen, während Forschung / Entwicklung und EDV vor allem von aktuellen Informationen abhängig sind.

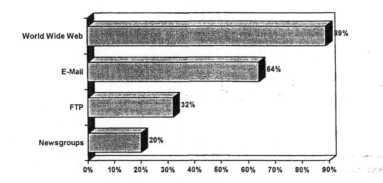

Abb. 10: Von Unternehmen genutzte Internet-Dienste
Quelle: Eigene Darstellung in Anlehnung an STRASHEIM / GRUBER, S. 22.

Abbildung 10 unterstreicht die Bedeutung der Dienste WWW und E-Mail gerade für diese Zwecke. Nicht unbedingt überraschend ist die geringe Nutzung der Newsgroups durch die Unternehmen, muß doch hier sehr viel Aufwand für relativ geringe Ergebnisse investiert werden. Darüber hinaus werden die Newsgroups auch sehr viel für private Zwecke genutzt und eignen sich deshalb nur dann für den professionellen Einsatz, wenn eine strikte Beschränkung auf relevante Bereiche stattfindet.

Wenn das Unternehmen als Anbieter aktiv werden will, muß entschieden werden, welche Dienste in welchem Umfang für welche Zielgruppe angeboten werden sollen. Das hängt natürlich auch entscheidend von den Zielen dieses aktiven Internet-Auftritts ab. Von den befragten Unternehmen mit Internet-Anschluß waren 68% schon Anbieter von Leistungen oder planten dies in nächster Zeit. Das von den Unternehmen geplante Angebot im Internet zeigt Abbildung 11.

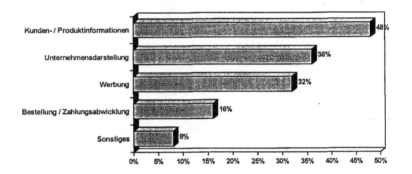

Abb. 11: Geplantes Angebot im Internet
Quelle: Eigene Darstellung in Anlehnung an STRASHEIM / GRUBER, S. 22.

Zur Umsetzung dieser Ziele lassen sich unterschiedliche Dienste einsetzen; die Entscheidung, welche Dienste angeboten werden sollen, hängt nicht zuletzt auch davon ab, welchen Stellenwert das Internet-Engagement im Unternehmen hat und was damit bezweckt werden soll.

- Den geringsten Aufwand würde die simple Einrichtung einer E-Mail-Adresse machen, an die potentielle Kunden eventuelle Anfragen nach Produktinformationen richten können.

- Wenn einer möglichst großen Gruppe von Internet-Benutzern Informationen zur Verfügung gestellt werden sollen, empfiehlt sich der Aufbau eines FTP- oder Gopher-

Dienstes (vgl. Kapitel 2.3.3 und 2.3.4). Die inhaltliche Aufbereitung der Daten ist relativ einfach zu bewerkstelligen, allerdings eignet sich dieser Ansatz aufgrund seiner recht geringen Gestaltungsmöglichkeiten kaum für Werbung im eigentlichen Sinne.

- Die heute gängige und zeitgemäße Form der Präsenz im Internet bietet das World Wide Web. Durch die Einrichtung eines eigenen WWW-Dienstes lassen sich werbe-wirksam multimediale Daten präsentieren. Es gibt zahlreiche Möglichkeiten zur gra-phischen Gestaltung, und dem Anwender lassen sich umfangreiche Informationen in sehr benutzerfreundlicher Form zur Verfügung stellen.

Unter Umständen sollen noch andere Dienste angeboten werden. Auf jeden Fall ist es wichtig, sich bereits in der frühen Planungsphase darüber klar zu werden, was man erreichen will. Der Planungshorizont sollte weit genug in die Zukunft reichen, da spätere Anpassungen zusätzliche und unnötige Kosten verursachen. Auch in Bezug auf die Kapazitätsplanung sollte der Frage der Dimensionierung eine hohe Bedeutung zuge-messen werden. In einer Netzwerkstudie, die zumindest tendenziell auch auf das vorlie-gende Problem übertragen werden kann, kam die Gartner Group zu dem Ergebnis, daß 27% der Gesamtkosten ungeplante Kosten sind. Sie werden durch falsche Bedarfs-analysen, Fehlplanungen und zusätzliche Schulungen verursacht (vgl. ZEITLER, S. 18). Hier lohnt es sich also, sorgfältig vorzugehen.

3.2.3 Zugangsmöglichkeiten bei passiver Nutzung

E-Mail ist sicherlich ein sehr brauchbares Mittel, um Kunden auf Neuigkeiten aufmerk-sam zu machen, die sie andernfalls nur beim aktiven Gebrauch entdecken würden.

Für den Fall, daß das Unternehmen nur E-Mail nutzen will bzw. nur eine E-Mail-Adresse zur Verfügung stellen will, muß es sich nicht einmal um einen direkten Zugang ins Inter-net bemühen, da Internet-Benutzer auch Mails an Compuserve-Nutzer oder Kunden von anderen Online-Diensten senden können und umgekehrt. Deshalb reicht es i.d.R., die Dienste eines Online-Dienstes wie Telekom Online oder Compuserve in Anspruch zu nehmen.

E-Mail Zugänge kann man aber auch schon für sehr geringe Beträge bei Mailbox-Netzen wie Fido, Maus oder Z-Netz erhalten. Für einen Preis von etwa DM 10,- im Monat erhält man hier eine Art *elektronischen Briefkasten*, der typischerweise alle 24 Stunden geleert bzw. gefüllt wird, aber u.U. bestimmten Beschränkungen unterworfen ist.

Wenn das Internet nur sporadisch und passiv, also z.B. zur Recherche eingesetzt werden soll, lohnt sich u.U. ein Internet-Zugang über die schon genannten Online-Dienste wie Telekom Online oder Compuserve. Neben einer geringen monatlichen Grundgebühr im Bereich von DM 10,- bis DM 20,- werden hier i.d.R. zeitabhängige Verbindungsentgelte fällig. Telekom Online bietet das WWW für DM 0,16 pro Minute, in Compuserve kostet die Stunde im Internet zur Zeit $ 2,50.

Wenn das Internet jedoch sehr intensiv und von mehreren Mitarbeitern genutzt werden soll, empfiehlt sich der direkte Zugang über einen Internet-Provider.

3.2.4 Zugangsmöglichkeiten bei aktiver Nutzung

Wenn sich das Unternehmen entschieden hat, das Internet nicht nur passiv zu nutzen, sondern auch als Anbieter aufzutreten und selbst Dienste anzubieten, stehen ihm dazu mehrere Möglichkeiten offen:

- Es kann ein eigener Server oder ein eigenes Server-System im eigenen Haus einge- richtet werden, das über eine Standleitung mit einem Service-Provider verbunden ist und über diesen ans Internet angeschlossen ist. Man bezeichnet das auch als *Inhouse-Lösung*.

- Eine Alternative ist es, eigene Server einzurichten, diese aber bei einem Internet-Provider vor Ort zu installieren.

- Das Unternehmen kann auch auf den eigenen Server verzichten und statt dessen Speicherplatz oder einzelne Seiten bei einem Internet-Provider oder einem auf diese Dienstleistung spezialisierten Anbieter anmieten.

3.2.4.1 Eigener Server im eigenen Haus

Diese Variante verursacht tendenziell die höchsten Kosten und fordert einen nicht zu unterschätzenden Aufwand an Know-how. Im Prinzip fallen drei Arten von Kosten an:

- Die Kosten für die *Hardware* sind relativ gering. Zuverlässige Server-Systeme können heute auch auf PC-Basis verwirklicht werden, vor allem, wenn nicht zuviel Daten- verkehr zu erwarten ist. Die nötige Server-Software gibt es kostenlos im Internet, und selbst kommerzielle Software ist nicht übermäßig teuer.

- *Know-how* muß in Form von internen Spezialisten oder externen Beratern bezahlt werden.

- Die *Kosten* für die Verbindung zu einem Internet-Provider sind auf lange Sicht sicherlich ein beachtenswerter Kostenblock, hängen aber auch sehr stark von den infrastrukturellen Gegebenheiten ab. Wenn ein Internet-Provider im Ortsnetz erreichbar ist, sind
diese Kosten verhältnismäßig gering.

Da die Einrichtung eines eigenen Servers oder Server-Systems die komplexeste Aufgabe
ist, die aber auch die größte Flexibilität bietet, wird diesem Problem nachfolgend ein
eigenes Kapitel gewidmet.

Diese Variante ist vor allem dann attraktiv und zu empfehlen, wenn

- viele Mitarbeiter aktiv aufs Internet zugreifen wollen

- topaktuelle Informationen wie z.B. Tagespreise über das Internet angeboten werden
sollen

- häufige und tendenziell umfangreiche Datenbankabfragen der Kunden zu erwarten
sind

- schon eine eigene EDV-Abteilung im Haus zur Verfügung steht, welche die Server-
Wartung übernehmen kann.

Sind diese Kriterien nicht oder nur zu kleinen Teilen erfüllt, können Kosten eingespart
werden, indem der Server nicht fest ins bestehende LAN eingebunden, sondern bei einem
Provider aufgestellt wird.

3.2.4.2 Eigener Server beim Provider

In diesem Fall spart das Unternehmen, verglichen mit der Inhouse-Lösung, vornehmlich
einen Teil der Verbindungskosten zum Internet-Provider ein. In der Praxis steht oft auch
eine höhere Bandbreite zur Verfügung, da bei der Inhouse-Lösung die Verbindung
zwischen Server und Provider das Nadelöhr darstellt, der Provider aber i.d.R. über High-
speed-Verbindungen verfügt, in die Daten direkt eingespeist werden können. Der große
Nachteil bei dieser Lösung ist, daß sie eben keinen Internet-Anschluß für das Unternehmen selbst bietet. Informationen können zwar zur Verfügung gestellt werden, aber
der Zugriff aus dem Unternehmen auf das Internet ist nicht direkt und dauerhaft möglich.

3.2.4.3 Gemieteter Platz

Wenn nur Informationen zur Verfügung gestellt werden sollen, auf eine eigene aktive
Internet-Nutzung aber größtenteils verzichtet werden kann, dann ist es um einiges

kostengünstiger für ein Unternehmen, den benötigten Platz auf dem Server eines Dienstleisters anzumieten. Sinnvoll und häufig genutzt ist diese Variante vor allem im World Wide Web. Dieser Dienstleister verteilt die Kosten seines Servers so auf mehrere Unternehmen.

Wenn das Unternehmen die Ausgestaltung und das Design der entsprechenden Dateien selbst übernimmt und fertige Seiten im HTML-Format bei dem entsprechenden Anbieter abliefert (vgl. Kapitel 3.5.5.2), kann es für wenige hundert DM im Monat Daten im Internet bereitstellen. Die Investitionen und laufenden Kosten halten sich im Rahmen und sind relativ gut überschaubar, weil nur im Bereich von HTML bei der Aufbereitung und Präsentation von Daten gewisse Kenntnisse benötigt werden. Die Beschäftigung mit UNIX, TCP/IP und etwaiger Serversoftware entfällt.

Eine innovative Form der Vermietung von Serverplatz bietet der Dienst „Germany.net". Germany.net stellt eine Mischform aus Online-Dienst und Internet dar, die für Unternehmen vor allem dann interessant sein dürfte, wenn das Internet hauptsächlich zum Werben neuer Kunden eingesetzt werden soll. Denn bei einem reinen Internet-Angebot stehen vor der Kontaktaufnahme zwischen Anbieter und Nutzer vor allem zwei Hindernisse: der Nutzer hat für den eigenen Internet-Zugang zu zahlen und er muß aktiv auf den Anbieter zugehen.

Germany.net bietet Unternehmen an, im WWW als Anbieter von Informationen aufzutreten, wofür ein Basispreis von etwa DM 5000,- pro Monat für ein Angebot von ca. 10 HTML-Seiten geplant ist.

Mit diesem Geld finanziert Germany.net die Infrastruktur, um potentiellen Nutzern den kostenlosen Zugang zu ihrem Dienst, aber auch dem 'Rest' des Internet (innerhalb gewisser Limitationen) zu ermöglichen. Man könnte Germany.net als einen der ersten werbefinanzierten Provider bezeichnen, der allerdings darüber hinaus noch als Anbieter im Internet in Erscheinung tritt. Sehr interessant ist die Tatsache, daß Germany.net seinen Kunden auch die Infrastruktur zur Abwicklung von Bestellungen zur Verfügung stellt, so daß sich ein Unternehmen die Beschäftigung mit der dafür nötigen Technologie und Infrastruktur sparen kann (vgl. STRASHEIM, S. 114).

3.2.5 Alternativen zum Internet-Auftritt als Anbieter

Es sollte frühzeitig geprüft werden, ob eventuelle Alternativen die Anforderungen vielleicht besser erfüllen als ein Engagement im Internet. Für den deutschen Anbieter steht hier vor allem der rein deutsche Online-Dienst Telekom Online zur Debatte, der in Deutschland die Marktführerschaft besitzt (vgl. Kapitel 2.8.2). Eine andere Alternative, die vor allem von Versandhäusern, aber auch von anderen Anbietern in letzter Zeit zunehmend genutzt wird, ist das CD-ROM-Publishing.

Der größte Unterschied ist sicherlich, daß eine CD-ROM recht schnell veraltet und keinerlei Interaktion mit dem Kunden zuläßt. Bestellungen und ein Dialog mit dem Kunden sind nicht möglich. Gerade das aber ist die Stärke von Internet und Online-Diensten: Informationen sind kurzfristig aktualisierbar; der Kunde kann sich online informieren, bestellen und - mit Einschränkungen - auch bezahlen.

Ein Angebot in Telekom Online ist in Deutschland jederzeit zum Ortstarif erreichbar, während es im Internet sogar weltweit zur Verfügung steht. Eine CD-ROM erreicht dagegen nur Geschäftspartner; neue Kunden müssen das Medium erst anfordern.

Als potentielle Nutzer verfügt Telekom Online über ca. 900.000 deutsche Kunden, ist aber vom Rest der Online-Welt abgeschottet. Das Internet wird von schätzungsweise 40 Millionen Menschen weltweit genutzt, zusätzlich steht es 3,5 Millionen Compuserve-Kunden, etwa ebenso vielen von America Online und den 900.000 deutschen Telekom Online-Nutzern zur Verfügung. Eine CD-ROM dagegen erreicht i.d.R. nur etliche tausend Kunden.

Dafür sind die Informationen auf der CD-ROM für den Kunden allerdings auch kostenlos, während ein Kunde im Internet entweder volumen- oder zeitabhängige (aber sehr unterschiedliche) Kosten tragen muß und in Telekom Online DM 0,06 pro Minute plus Telefongebühren an die Telekom und etwaige Seitengebühren an den Anbieter fällig werden.

Für den Anbieter entstehen bei einem Internet-Engagement - je nach Ausmaß und Angebot - ganz unterschiedliche Kosten. Ein bundesweites Telekom Online-Angebot von etwa 20 Seiten kostet inklusive diverser zusätzlicher Dienstleistungen monatlich ca. DM 400,-. Diese Kosten lassen sich durch regionale Einschränkungen noch senken. Die Produktion von ca. 3.000 CD-ROMs kostet zur Zeit etwa DM 4.000,-. Nicht inbegriffen sind darin natürlich die Kosten für eventuelle Entwicklung oder Lizensierung von Software (vgl. GLADIS / EBERLEIN / GOTTSCHALK, S. 198).

Zusammenfassend kann man sagen, daß sich CD-ROM-Publishing vor allem dann lohnt, wenn einem recht begrenzten und definierten, vor allem aber bekannten Kundenkreis eine große Menge von Informationen dargeboten werden soll, wobei kein Dialog erforderlich ist.

Ein Auftritt in Telekom Online (oder analog auch anderen Online-Diensten) erscheint dann sinnvoll, wenn die anzusprechende Kundengruppe mit dem Nutzerprofil des Dienstes weitgehend übereinstimmt und das Ausmaß der angebotenen Dienstleistungen und Informationen auch für die Zukunft gut überschaubar ist.

Ein Internet-Engagement ist dann zu empfehlen, wenn

- ein internationaler Auftritt gewünscht wird

- ein möglichst großer Personenkreis angesprochen werden soll

- nicht nur Informationen angeboten werden sollen, sondern auch weitergehende Dienste genutzt und in den Geschäftsablauf integriert werden sollen

- das Unternehmen sich die Option offenhalten will, das Engagement in Zukunft auch in Bereiche und Umfänge auszubauen, die heute noch nicht praktikabel erscheinen.

3.3 Der Anschluß ans Internet

3.3.1 Die Datenverbindung

Die Wahl der richtigen Datenverbindung zum Internet-Provider ist eine wichtige und bedeutende Entscheidung. Dabei sollte noch einmal die voraussichtliche Nutzungsstruktur überprüft werden, denn die Menge der Daten, die im Durchschnitt pro Zeiteinheit durch die Leitung gehen können, ist primär davon abhängig. Diese Kapazität der Leitung wird auch als *Bandbreite* bezeichnet und in Bit pro Sekunde angegeben, also der Menge der Informationseinheiten, die pro Sekunde maximal übertragen werden können.

Zwei generelle Tendenzen können genannt werden: Je größer die Bandbreite der Verbindung, desto mehr Leute können gleichzeitig im Internet arbeiten, desto mehr Leute können gleichzeitig das Angebot des Unternehmens nutzen - und desto teurer ist die Verbindung.

Eine *Unterdimensionierung* der Verbindung erzeugt also Wartezeiten und Dateneng-pässe, die im Extremfall auch zum Versagen der Internet-Dienste führen können; das führt zu verringerter Produktivität im Unternehmen und zur Verärgerung von Kunden. Eine *Überdimensionierung* dagegen verursacht durch überflüssige, brachliegende Kapazitäten unnötige laufende Kosten (vgl. THOMAS, S. 207).

Prinzipiell kann man die zur Verfügung stehenden Lösungen in analoge und digitale Verbindungen klassifizieren. Analoge Verbindungen, die heute hauptsächlich im Telefonnetz zur Sprachübertragung genutzt werden, können relativ wenig Daten übertragen; eine digitale Verbindung in Form einer ISDN-Leitung bietet eine wesentlich höhere Bandbreite. Bei Bedarf stellt die Telekom auch noch wesentlich schnellere digitale Hochgeschwindigkeitsverbindungen zur Verfügung.

Wenn sich das Unternehmen für eine u.a. aktive Nutzung und die Inhouse-Lösung entschieden hat, benötigt es eine dauerhafte Verbindung zum Internet-Provider. Nur so können Interessenten aus aller Welt rund um die Uhr auf die Server im Unternehmen zugreifen. In allen anderen Fällen benötigt man nicht zwingend eine dauerhafte Verbindung zum Provider, sondern kann eine Verbindung auf die Zeiten beschränken, in denen man den Server wartet, selbst aktiv das Internet nutzt oder kurzzeitig Daten austauscht. In dem Fall werden z.B. E-Mails beim Provider gelagert, bis sie vom Unternehmen 'abgeholt' werden. Wer auf eine unverzügliche Zustellung angewiesen ist, kann mit dem Provider vereinbaren, daß dieser von sich aus die Verbindung zum Unternehmen herstellt, sobald es erforderlich ist.

Soll für eine solche *temporäre Verbindung* eine analoge Leitung genutzt werden, so ist je nach benutztem Modem ist eine Kapazität von bis zu 28.800 bps möglich, was eigentlich nur dann zu empfehlen ist, wenn lediglich ein einzelner Nutzer aus dem Unternehmen auf das Internet zugreift und nur kleine Datenmengen transferiert werden sollen.

Eine typische und günstige digitale Standard-Datenleitung ist eine ISDN-Verbindung, die eine Bandbreite von 64 Kbps pro Kanal bietet (bei Bündelung der beiden Datenkanäle 128 Kbps, mit Steuerkanal 144 Kbps) und damit optimal für geringen bis mittleren Datenverkehr geeignet ist.

Die zu erwartenden monatlichen Telefongebühren zum Provider sollten in Abhängigkeit vom erwarteten Nutzungsprofil geschätzt werden; ab einer bestimmten Nutzungsintensität ist es sinnvoll, eine Datendirektverbindung (DDV) zu nutzen, die auch als Standleitung bezeichnet wird.

Diese ist - wie erwähnt - dann unbedingt erforderlich, wenn der Server im eigenen Haus steht und Kunden darauf zugreifen müssen. In diesem Fall wird das LAN des Unternehmens permanent ans Internet angebunden. Auch hier bietet die ISDN-Datenverbindung eine akzeptable Lösung. Die Telekom bietet eine ISDN-Standleitung innerhalb eines Ortsnetzes ab ca. DM 300,- pro Monat an, wobei für die Einrichtung ein einmaliger Betrag in Höhe von mehreren tausend DM anfällt.

Ist allerdings eine rege Nutzung des Internet aus dem Unternehmen heraus als auch großer von Kunden verursachter Datenverkehr zu erwarten, dann kann auch die Nutzung einer leistungsfähigeren Verbindung erwogen werden. Die Telekom bietet eine digitale 2MS-Verbindung mit einer Bandbreite von 2 Mbps ab ca. DM 1.900,- pro Monat oder die 34M-Verbindung (Bandbreite 34 Mbps) ab ca. DM 5.200,- pro Monat an. Diese Verbindungen sind dann sinnvoll, wenn eigene FTP- oder WWW-Server voraussichtlich sehr stark von außen frequentiert werden und entsprechenden Datenverkehr verursachen.

3.3.2 Der Provider und sein Angebot

Die Wahl der Datenverbindung steht in unmittelbarem Zusammenhang mit der Auswahl des Service-Providers, der von Anfang an auch in die Planung miteinbezogen werden sollte.

Doch nach welchen Gesichtspunkten wird der Provider ausgewählt? Sinnvoll ist es sicherlich, den Zugang über einen regionalen Provider zu suchen, denn die räumliche Nähe zu ihm verringert nicht nur die Verbindungsgebühren, sondern erleichtert auch die technische Unterstützung (vgl. GLADIS / EBERLEIN / GOTTSCHALK, S. 196 f.). Wichtig ist außerdem, daß das Unternehmen sich im klaren darüber ist, welche Dienste es in welcher Form in Anspruch nehmen will, und davon ausgehend sollte der bestmöglich 'passende' Provider gesucht werden.

Vor allem der Kostenstruktur sollte viel Aufmerksamkeit gewidmet werden. Einige Provider verlangen monatliche Gebühren, die abhängig von der übertragenen Datenmenge sind. Auch wenn diese Tarife zuerst attraktiv scheinen, sollte unbedingt bedacht werden, daß die übertragene Datenmenge - vor allem bei einem eigenen Server - eine „Unbekannte" ist, denn jeder Zugriff eines Nutzers auf den Server des Unternehmens verursacht Datenaufkommen, das über den Provider läuft und bei ihm bezahlt werden muß. Unberührt davon ist die Tatsache, daß der Nutzer bei seinem Provider für dieselben Daten ebenfalls bezahlen muß. Vor allem für kleinere Unternehmen, die sich für ihr WWW-Angebot keine Pauschalabrechnung leisten wollen, lauern hier nicht zu unterschätzende Risiken. So wird die Freude über die gute Akzeptanz des Angebots im Netz u.U. von der Rechnung des Providers schwer getrübt.

Inzwischen bieten immer mehr Provider Pauschalpreise an, die vom Datenvolumen unabhängig sind. Kombiangebote mit einer volumenorientierten Abrechnung und einer Kostenobergrenze vereinbaren die Vorteile beider Systeme in sich. Diese Pauschalpreise liegen je nach Provider bei einer 64 Kbps-(ISDN-)Standleitung zwischen DM 2.000,- und DM 10.000,- pro Monat.

Oft fallen noch weitere Zusatzkosten an; so verlangen viele Provider eine einmalige Einrichtungspauschale für die Anbindung des Server-Systems, und für die Freischaltung einzelner Internet-Dienste wie WWW, FTP, Network News etc. werden weitere Gebühren berechnet. Übersichtliche Pauschalpakete, die alle Dienste beinhalten, sind besonders interessant, sollten aber auch nicht aus Bequemlichkeit ungeprüft gewählt werden (vgl. THOMAS, S. 208).

Neben den Kosten sollten aber auch noch andere Aspekte beachtet werden; so kann es aufschlußreich sein, den Provider nach Referenzen zu fragen. Vielleicht betreut er schon ähnliche Unternehmen und teilt Daten mit. Außerdem ist es interessant, ob und in welcher Form der Provider technischen Support anbietet, und wie dieser Service berechnet wird.

Wenn ein Unternehmen sich z.B. zuerst nur für die passive Nutzung des Internets durch wenige Nutzer entscheidet, dann sollte geklärt werden, wie einfach dieser Zugang später auf die Anbindung des ganzen LANs umgestellt werden kann.

3.3.3 Die Einrichtung einer Domain

Wenn das LAN des Unternehmens ans Internet angebunden werden soll, ist die Einrichtung einer Domain vonnöten. Der gewählte Domainname ist gleichbedeutend mit einer einmaligen Internet-Adresse, unter der das Unternehmen von überall im Internet erreicht werden kann. Der Domainname entspricht i.d.R. dem Namen des Unternehmens, an den der Name der (geographischen oder qualitativen) TopLevel-Domain angehängt (vgl. Kapitel 2.2.4). Deutsche Unternehmen verwenden typischerweise die geographische TopLevel-Domain '.de' oder die qualitative TopLevel-Domain '.com'.

Da durch den Domainnamen eine eindeutige Identifizierung der Domain möglich sein muß, darf er auch nur einfach vergeben sein. Die Registrierung der Domainnamen erfolgt beim Internet Network Information Center (InterNIC); wer einen Namen zuerst registrieren läßt, verfügt über ihn. Allerdings impliziert dies nicht auch das Eigentum an diesem Namen. Einige Unternehmen haben schon prozessiert, um sich 'ihre' Adressen zu erstreiten, andere einigten sich mit dem Vorbesitzer außergerichtlich (vgl. o.V., Focus 38/1995, S. 238).

Beim InterNIC läßt sich auch erfragen, ob ein bestimmter Domainname schon vergeben oder noch frei ist. Wenn er verfügbar ist, kann er registriert werden; dies erledigt i.d.R. der Service-Provider, da von ihm die IP-Adressen, die zum Routen von Daten an die Domain des Unternehmens benötigt werden, unterstützt werden müssen.

Die Organisation innerhalb der Domain obliegt allein den Bedürfnissen und natürlich der Dimension des Unternehmens. Sub-Domains können ohne externe Registrierung nach Belieben eingerichtet werden, zum Beispiel auf Grundlage der Abteilungen. Natürlich können an die angeschlossenen Rechner auch direkt Namen vergeben werden (vgl. Abb. 1).

3.4 Die Einrichtung eines Server-Systems

Die Einrichtung eines eigenen Server-Systems mit Einbindung ins bestehende LAN des Unternehmens ist eine Variante, die - verglichen mit den anderen Möglichkeiten - einen hohen Aufwand verursacht und viel Know-how voraussetzt, andererseits aber auch große Möglichkeiten eröffnet und sehr flexibel ist.

Es ist hilfreich und sehr zu empfehlen, daß man zur Durchführung eines solchen Projekts - wie einer Internet-Anbindung des LANs - seinen ausgewählten Provider hinzuzieht, der bestimmt gerne eine beratende Funktion wahrnimmt. Überhaupt sollte der Provider in die Planung miteinbezogen werden, um etwaige Abstimmungsprobleme frühzeitig zu erkennen. Trotzdem ist es unerläßlich, daß im Unternehmen Kenntnisse zur hard- und softwaremäßigen Ausstattung sowie zum Netzwerkaufbau schon vorher vorhanden sind.

3.4.1 Zusammenstellung und Dimensionierung

3.4.1.1 Software

Das Internet arbeitet mit dem Übertragungsprotokoll TCP/IP, was auch die Standardnetzwerkkommunikation unter UNIX ist. Insofern bietet sich dieses Betriebssystem für einen Internet-Server an. Grundsätzlich eignen sich alle UNIX-Derivate. Für den PC sind diverse kommerzielle Pakete ab ca. DM 3.000,- erhältlich. Eine kostengünstigere Alternative sind frei verfügbare Systeme wie z.b. Linux; aufgrund von mangelndem Support sind hier für eine korrekte Einrichtung allerdings sehr gute UNIX-Kenntnisse Voraussetzung.

Prinzipiell läßt sich aber ein Internet-Server mit jedem Betriebssystem betreiben, das TCP/IP-Unterstützung bietet. Windows NT ist ein grafikorientiertes Betriebssystem, das sich auch für diesen Zweck eignet. Windows 3.11, Windows 95 und OS/2 bieten zwar u.U. auch TCP/IP-Unterstützung, aber aufgrund fehlender Sicherheitsvorkehrungen sowie geringer Stabilität und Leistungsfähigkeit im Multi-User-Betrieb ist davon für den Server-Betrieb abzuraten.

Serversoftware ist sowohl für UNIX als auch für Windows NT zu erhalten; aufgrund der langen, zwanzigjährigen Tradition von UNIX im Internet existieren für UNIX auch mehrere kostenlose Serverpakete, die per FTP heruntergeladen werden können. Diese nicht-kommerziellen Lösungen haben meistens eine lange Bewährungszeit hinter sich und stehen den kommerziellen UNIX-Lösungen, die teilweise mit mehreren tausend DM zu Buche schlagen können, in nichts nach. Für Windows NT dominieren noch die kommerziellen Lösungen, die teils aber auch schon für wenige hundert Mark zu haben sind (vgl. THOMAS, S. 210).

3.4.1.2 Hardware

Viele Hardwarehersteller bieten Serversysteme und Workstations an, die speziell für den Internet-Einsatz konzipiert sind. Sie bieten sehr sichere und zuverlässige Lösungen, die vor allem dann empfohlen werden, wenn großer bis sehr großer Datenverkehr zu erwarten ist. Die Preise für solche Systeme variieren stark, kleinere sind schon für DM 13.000,- erhältlich. Die Preisspanne erstreckt sich aber bis über DM 100.000,-, was gerade für kleinere Unternehmen oft nicht gerechtfertigt erscheint.

Wenn nicht zu großer Datenverkehr zu erwarten ist, lassen sich auf PC-Basis sehr viel kostengünstigere Serverlösungen realisieren. Dabei sollte allerdings unbedingt darauf geachtet werden, daß ein Server, der ja i.d.R. rund um die Uhr im Einsatz ist, mit zuverlässigen Hardwarekomponenten ausgestattet ist. Die Billigangebote vieler Computerhändler erfüllen diese Anforderungen nicht - diese Rechner sind für den Server-Einsatz weder gedacht noch geeignet.

Die Gehäuse sollten dem Industriestandard entsprechen sowie über starke Netzteile und mehrere Ventilatoren verfügen, was für den Dauerbetrieb unabdingbar ist. Für diejenigen Server, die auf eine Festplatte zugreifen müssen, sind SCSI-Lösungen einer IDE- oder Enhanced-IDE-Lösung überlegen, da erstere im Multi-User-Betrieb effektiver arbeiten und flexiblere Erweiterungen zulassen. Auf jeden Fall sind Festplatten mit schnellen Zugriffszeiten zu empfehlen.

Bei Internet-Servern ist es nicht so wichtig, daß ein Hochleistungsprozessor die Rechenarbeit erledigt. Wie bei vielen Multi-User-Systemen ist weniger die Rechenleistung, sondern eher der Durchsatz der Festplatte und eine ausreichende Netzwerkgeschwindigkeit ausschlaggebend für die Gesamtperformance. Deshalb sollten die Rechner auf Basis des PCI-Bussystems arbeiten. Abgesehen davon beeinflußt der Arbeitsspeicher die Gesamtperformance entscheidend, so daß die Rechner hier - abhängig vom Einsatzbereich - großzügig ausgestattet sein sollten.

Für das Grafiksystem, bestehend aus Monitor und Grafikkarte, existieren keine besonderen Anforderungen. Wenn ein grafisches Betriebssystem wie Windows NT eingesetzt wird, sollten diese Komponenten den Anforderungen genügen. Tendenziell kann man sagen, daß eine einfache Grafikkarte mit möglichst wenig besonderen Funktionen im Serverbetrieb die wenigsten Komplikationen verursacht.

Die Netzwerkkarte ist eine sehr wichtige Komponente, denn über sie läuft die gesamte Kommunikation des Internet-Servers ab. Ein eventueller Ausfall dieser Karte bedeutet den Ausfall des Servers, und u.U. beeinflußt dieser Ausfall auch noch andere Server negativ. Deshalb sollten hier hochwertige und schnelle Netzwerkkarten zum Einsatz kommen (vgl. THOMAS, S. 210 ff.).

3.4.2 Konfiguration

Prinzipiell ist es natürlich möglich, alle Internet-Dienste über einen (recht leistungsfähigen) Rechner ablaufen zu lassen; dafür wäre dann eine der genannten speziellen Server-Lösungen geeignet. Diese Konfiguration ist allerdings nicht unbedingt empfehlenswert, wofür THOMAS mehrere Gründe nennt. Das naheliegendste ist, daß der Ausfall eines einzelnen Rechners sämtliche Internet-Services auf einmal lahmlegt. Aber auch die Dimensionierung dieses Rechners ist problematisch: je mehr unterschiedliche Services über einen Server ablaufen, desto schwerer ist es abzuschätzen, über welche Leistungsfähigkeit er verfügen sollte. Nicht zuletzt stellt er ein Sicherheitsrisiko dar, da die

"Konfiguration einzelner Services andere Services beeinflussen" (THOMAS, S. 212) kann und damit entstehende Sicherheitslöcher nicht mehr effektiv zu stopfen sind. Crackern wird somit unter Umständen das Eindringen ins System ermöglicht (vgl. THOMAS, S. 212).

Eine dezentrale Lösung mit mehreren, lokal vernetzten Computern, von denen jeder einen oder mehrere Services leistet, ist deshalb vorzuziehen. Die sich hieraus ergebenden Möglichkeiten sind sehr zahlreich und komplex und sollten immer individuell an die Erfordernisse des Unternehmens angepaßt werden.

3.4.2.1 Der Router

Der Router schafft über eine Datenleitung die Verbindung zum Provider und damit zum Internet. Seine Aufgabe ist es, abgehende und ankommende Datenpakete an die richtige Datenleitung weiterzureichen. Für eine Standard-ISDN-Verbindung mit einer Bandbreite von 64 Kbps genügt ein einfach ausgestatteter PC. Die Minimalkonfiguration für diesen Einsatzzweck ist ein

- 486DX33 mit 1 MByte Speicher

- eine ISDN- und eine Netzwerkkarte

- ein 3 1/2" Laufwerk

- entsprechende TCP/IP-Router-Software.

Für den Einsatz als Router benötigt der Rechner keine Festplatte. Für schnellere Verbindungen wird i.d.R. eine spezielle Routerlösung benötigt, deren Preis je nach Ausstattung bei DM 10.000,- beginnt. Dafür bieten diese Systeme zusätzliche Sicherungsfunktionen, arbeiten aber mit eigener Betriebssoftware und erfordern deshalb eine umfangreiche Einarbeitung (vgl. THOMAS, S. 212).

3.4.2.2 Der Domain Name Server (DNS)

Wenn eine Anbindung von mehreren vernetzten Rechnern geplant wird, benötigt man einen Domain Name Server in seinem Netz. Der Domain Name Service übersetzt bei Anfragen die Domain- und Rechnernamen in die korrespondierenden IP-Adressen, unter deren Verwendung dann die Verbindung aufgebaut wird. Der Domain Name Server verwaltet die IP-Adressen von Internet-Rechnern und Netzwerken in einer umfangreichen Datenbank.

Für den Domain Name Server wird relativ wenig Rechenleistung benötigt, dafür aber umso mehr Arbeitsspeicher, denn die DNS-Anfragen werden in großem Umfang zwischengespeichert. Als Minimalkonfiguration ist

- ein 486DX33 mit 8 MByte RAM

- eine 100-MByte-Festplatte

- eine Netzwerkkarte

zu empfehlen. Der Ausfall des Domain Name Services führt dazu, daß die Domainadressen nicht mehr in IP-Adressen umgesetzt werden können und demzufolge keine Verbindungen mehr zustande kommen. Da dies gleichbedeutend mit dem kompletten Ausfall der Domain ist, wird empfohlen, einen Ersatz-DNS bereitzuhalten, der bei einem Ausfall des *Primary DNS* als *Secondary DNS* einspringt und die Aufrechterhaltung des Betriebs gewährleistet. Für den Secondary DN-Server genügt ein 386DX40-Prozessor, die übrige Konfiguration sollte dem Primary-DNS entsprechen.

Wenn ein Wachstum der Domain nicht auszuschließen ist, sollte auf die Erweiterungsfähigkeit des Arbeitsspeichers geachtet werden. Empfohlen werden Motherboards, die bis auf 128 MByte aufzurüsten sind (vgl. THOMAS, S. 212 f.).

3.4.2.3 Mail-Server

Das Empfangen und Versenden von persönlichen Nachrichten ist einer der wichtigsten und meistgenutzten Dienste im Internet. Ein Mail-Server im eigenen LAN bietet sich lt. THOMAS aus mehreren Gründen an: Viele Interna laufen über E-Mail, und die interne Kommunikation mit Filialen kann über E-Mail abgewickelt werden. Werden deshalb besondere Sicherheitsstandards gefordert - wie z.B. eine spezielle Verschlüsselung der E-Mails - so kann der Provider dies oft nicht bieten (vgl. THOMAS, S. 214). Darüber hinaus ist es für viele Unternehmen auch ein Statussymbol, eine E-Mail-Adresse mit eigenem Domainnamen anzubieten; auch hierfür wird ein Mail-Server im eigenen LAN benötigt.

Ausfälle dieses grundlegenden Dienstes sind sehr ärgerlich; deshalb sollte mit dem Provider eine Vereinbarung getroffen werden, daß er im Falle eines Ausfalls des Mail-Servers auflaufende E-Mails bei sich auf einem sogenannten *Mail-Relay-Server* zwischenlagert. Unter Umständen kann auch ein Relay-Server im eigenen Haus bereitgestellt werden.

Eingegangene E-Mails werden auf dem Mail-Server abgelegt, bis sie vom Empfänger abgeholt werden. Da die eingegangenen E-Mails unter Umständen ein recht großes Datenvolumen umfassen können, sollte ein besonderer Augenmerk auf die Festplatten-kapazität gelegt werden. Im Sinne der problemlosen Erweiterbarkeit sollte hier eine SCSI-Lösung gewählt werden. Als Minimalkonfiguration wird

- ein 486DX33 mit 8 MByte RAM

- eine Netzwerkkarte

- und eine 500-MByte-Festplatte

empfohlen (vgl. THOMAS, S. 214 f.).

3.4.2.4 FTP-Server

Der FTP-Server stellt beliebigen Anwendern oder spezifizierten Benutzergruppen Dateien zum Download zur Verfügung. Da bei FTP tendenziell ein recht hoher Daten-verkehr anfällt, muß die Hardware entsprechend leistungsfähig sein. Empfohlen wird mindestens ein

- Pentium90 mit 16 MByte RAM

- eine Netzwerkkarte

- eine 1-GByte-Festplatte.

Aus Gründen der Erweiterbarkeit sollte auch hier wieder eine SCSI-Lösung favorisiert werden (vgl. THOMAS, S. 215).

3.4.2.5 WWW-Server

Auch beim WWW-Server ist aufgrund der multimedialen Daten und der großen Beliebt-heit des World Wide Web sowie den daraus resultierenden tendenziell hohen Zugriffs-zahlen ein umfangreicher Datenverkehr zu erwarten. Um diesen zu verarbeiten und eventuell auch mehrere Anfragen gleichzeitig bewältigen zu können, sind gute bis sehr gute Leistungsdaten ausschlaggebend. Als Minimalkonfiguration wird ebenso wie für den FTP-Server ein

- Pentium90 mit 16 MByte RAM

- eine Netzwerkkarte

- eine 1 GByte-SCSI-Festplatte

empfohlen (vgl. THOMAS, S. 214).

3.4.3 Sicherheit im Netz

Die Sicherung des unternehmenseigenen LAN gegen unberechtigte Zu- oder Angriffe aus dem Internet ist eine absolute Notwendigkeit. Gefahr droht nicht nur von den vielbeschworenen Crackern; im selben Maße, wie das Internet zunehmend kommerzialisiert und von Unternehmen genutzt wird, entstehen auch neue Formen der Werk- bzw. Industriespionage oder Sabotage. Die EDV-Abteilung ist also gefordert, in Zusammenarbeit mit dem Provider sowie u.U. unter Mithilfe einer speziellen Beratungsfirma ein Sicherheitskonzept zu entwickeln und überzeugend umzusetzen.

Einige grundlegende Regeln sollten immer beachtet werden:

- Es ist prinzipiell sinnvoll, jeden Server nur auf seine eigentliche Funktion zu beschränken und keine anderen Services auf ihm laufen zu lassen - das erhöht die Übersichtlichkeit und verbessert die Chance, Sicherheitslücken zu entdecken und zu schließen.

- Der direkte Zugriff auf spezielle, zentrale Komponenten im LAN kann auf einzelne Arbeitsplatzrechner eingeschränkt werden, z.B. auf den Rechner des Systemadministrators.

Als Sicherungseinrichtung haben sich vor allem sogenannte *Firewalls* bewährt, die als Gateways oder Tore zwischen dem Internet und dem LAN des Unternehmens fungieren. Der Datenverkehr zwischen innen und außen wird quasi 'gebündelt' und ist nur über den Firewall möglich. Dadurch ist er wesentlich besser kontrollierbar, als wenn auf unterschiedliche Rechner im LAN ein Direktzugriff von außen stattfinden kann. Außerdem erhöht diese Kanalisierung die Chance, einen Einbruchsversuch - beispielsweise über Log-Dateien - zu registrieren, da er nur über diesen Weg erfolgen kann.

Wenn das Unternehmen der Öffentlichkeit Daten zur Verfügung stellen will, dann ist eine mehrstufige Firewall-Anordnung zu empfehlen: Die Anfrage aus dem Internet passiert zuerst einen äußeren Firewall und gelangt in ein Subnetz, in dem FTP-Server, WWW-Server und andere Dienste lokalisiert sind, auf welche die Allgemeinheit Zugriff haben soll. Das eigentliche LAN ist durch einen inneren Firewall zusätzlich geschützt. Abbildung 12 zeigt diese Konfiguration.

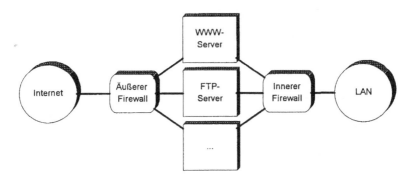

Abb. 12:Zweistufige Firewall-Anordnung
Quelle: Eigene Darstellung in Anlehnung an REIF, S. 182.

Bei der Konfiguration eines Firewalls muß eine Entscheidung zwischen zwei grundlegenden Prinzipien getroffen werden: Entweder ist alles verboten, was nicht erlaubt ist;
oder es ist alles erlaubt, was nicht verboten ist.

Die erste Variante hat eine recht hohe Sicherheit zur Folge, bringt aber für den Nutzer
Unannehmlichkeiten mit sich, da neue Services erst umständlich beantragt werden
müssen. Letztere Variante resultiert zwar in größerer Flexibilität, eröffnet aber unter
Umständen auch eklatante Sicherheitslücken; der Systemadministrator muß die Nutzer
und ihr Verhalten ständig beobachten, um eventuell Gegenmaßnahmen treffen zu können
(vgl. REIF, S. 182).

Bei Firewalls unterscheidet man drei Kategorien, die im folgenden kurz charakterisiert
werden sollen.

3.4.3.1 Paketfilter

Bei dieser einfachsten Methode werden alle ein- und ausgehenden Datenpakete anhand
ihrer Quell- und Zieladresse überprüft. Anhand von *Filtertabellen* wird überprüft, ob die
jeweilige Sendung zulässig ist, ansonsten wird sie ausgefiltert. Dieses Verfahren ist für
den Anwender transparent, setzt aber ein sorgfältiges Setzen der Filter voraus, wofür
detaillierte Kenntnisse über die Dienste und einzelnen Pakettypen im Internet erforderlich
sind. Die meisten professionellen Routersysteme werden mit Paketfiltern geliefert;
zunehmend kommen sogar intelligente Systeme zum Einsatz, die zusätzlich den Inhalt
der Pakete analysieren und auch die Zulässigkeit von Verbindungen überprüfen (vgl.
REIF, S. 182).

3.4.3.2 Circuit Level Gateways

Das System des Circuit Level Gateways entspricht in etwa dem einer Telefonvermittlung. Ein Client bittet beim Gateway-Rechner um eine Verbindung zu einem bestimmten Zielrechner Der Firewall-Host überprüft die Berechtigung des Anfordernden zu dieser Verbindung anhand einer Zugangsliste, stellt dann die Verbindung her und vermittelt die Datenpakete zwischen Client und Server. Da es für einen Kommunikationspartner im Internet so scheint, als fände die Kommunikation mit dem Firewall-Host statt, lassen sich so Informationen über das LAN verbergen (vgl. REIF, S. 182).

3.4.3.3 Application Gateways

Bei dieser Variante, die auch als *Proxy-Server* bezeichnet wird, wird für jede erlaubte Anwendung ein eigenes Gateway-Programm installiert. Der Client muß sich gegenüber dem Proxy identifizieren, und der Proxy führt dann die Anfragen des Clients stellvertretend aus. Eingehende Daten werden in recht großem Umfang zwischengespeichert, was zu einem angenehmen Nebeneffekt führt. Beim nächsten Abruf derselben Daten holt der Proxy diese nicht über das verhältnismäßig langsame Internet, sondern direkt aus seinem Speicher bzw. von seiner Festplatte. Durch diesen *Caching-Effekt* erfüllen Proxy-Server neben ihrem eigentlichen Zweck - dem verhältnismäßig restriktiven Schutz des LAN - noch eine weitere Funktion, die besonders bei intensiver Nutzung des Internet durch die Mitarbeiter zum Tragen kommt: sie entlasten die Datenleitungen und erhöhen die Geschwindigkeit u.U. beträchtlich (vgl. THOMAS, S. 216).

3.4.3.4 Sensibilisierung der Benutzer

Die besten Sicherungskonzepte nutzen allerdings nichts, wenn die Nutzer sich leichtsinnig verhalten. Schulungsmaßnahmen und permanente Aufklärung der Nutzer ist sehr zu empfehlen; beispielsweise sollten Paßwörter mit großer Sorgfalt behandelt werden.

Oft wird ein LAN nach außen zwar ausreichend abgesichert, die Sicherung gegenüber den eigenen Mitarbeitern aber vernachlässigt. Denn auch hier droht oft Gefahr, vor allem durch unzufriedene Mitarbeiter. Durch Firewalls lassen sich sensible Bereiche wie die Buchhaltung oder Personalabteilung speziell absichern.

Allerdings können Firewalls - wie auch alle anderen bisher bekannten Sicherungsvorkehrungen - keine hundertprozentige Sicherheit garantieren, denn in nahezu jedem System befinden sich Fehler. Bei einem gut gesicherten Netz besteht allerdings eine recht große Wahrscheinlichkeit, daß ein potentieller Angreifer irgendwann aufgibt und sich einem 'einfacheren' Opfer zuwendet.

Die größte Chance, einen Angriff abzuwehren, hat man dann, wenn er frühzeitig erkannt wird. Deshalb ist es sinnvoll, die Mitarbeiter nicht nur in Bezug auf ihr eigenes Verhalten, sondern auch in Bezug auf ihre Aufmerksamkeit zu schulen.

3.4.4 Bekanntmachung der Präsenz

Mit der Bereitstellung von Services im Internet ist noch lange nicht gewährleistet, daß die angebotenen Leistungen auch genutzt werden. Wer sicherstellen will, daß seine Internet-Angebote auch von möglichst vielen Menschen genutzt werden, muß sie publik machen. Da es im Internet keine zentrale Schaltstelle gibt, welche die Präsenz des Unternehmens verkünden kann, muß dieses selbst aktiv werden.

3.4.4.1 Promotion mit konventionellen Mitteln

Jedes Unternehmen benutzt i.d.R. schon eine Vielzahl von Mitteln zur Selbstdarstellung wie Visitenkarten, Werbeanzeigen, Radio- und Fernseh-Spots. Diese Mittel können auch eingesetzt werden, um die eigene Internet-Präsenz bekannt zu machen. Kunden, die diesen Service nutzen können, werden dies mit großer Wahrscheinlichkeit auch tun, denn für sie ist es komfortabel, Informationen direkt am Computer abrufen zu können. Über eine Mailinglist sollte Interessenten die Möglichkeit zur regelmäßigen Information über Neuheiten angeboten werden.

- Die Adresse des Internet-Angebots sollte auf allen Briefbögen, Visitenkarten, Anzeigen und Direkt-Mailings angegeben werden.

- Es gibt eine Reihe von Publikationen, die regelmäßig neue interessante Internet-Ressourcen nennen, teilweise auch vorstellen und bewerten. Vor allem Computer-magazine, aber auch immer mehr andere Printmedien, z.B. Fernsehzeitschriften und Wirtschaftsmagazine, bieten diese Informationen an.

- Außerdem kann es attraktiv sein, Kunden einen Anreiz zu schaffen - beispielsweise durch Gewinnspiele - die Services regelmäßig zu nutzen (vgl. ANGELL / HESLOP, S. 71 f.).

Diese Art von Werbung in eigener Sache dient neben der reinen Bekanntmachung der Services auch noch einem anderen Zweck: Das Unternehmen demonstriert eine gewisse

Fortschrittlichkeit und gibt damit potentiellen Geschäftspartnern, die das Internet noch nicht nutzen, ebenfalls Denkanstöße.

3.4.4.2 Maßnahmen direkt im Internet

Das Internet bietet eine zunehmende Anzahl von Möglichkeiten, wie kommerzielle Angebote kostenlos einer großen Zahl von Nutzern bekanntgemacht werden können.

InterNIC bietet einen Dienst namens „Net-Happenings". Interessenten können sich in eine Mailing-List eintragen und erhalten dann kontinuierlich Mitteilungen darüber, welche neuen Services im Internet angeboten werden. Falls das Unternehmen seine Präsenz über Net-Happenings oder auch durch Mitteilungen auf anderem Wege bekannt machen will, sollten einige grundlegende Regeln befolgt werden:

- Die Bekanntmachung sollte nicht zu umfangreich sein.

- In der Mitteilung sollte die Betonung auf den sachlichen Service-Aspekten liegen. Vollmundige Werbebotschaften verfehlen im Internet ihre Wirkung und sind eher kontraproduktiv (vgl. Kapitel 3.2.1).

- Es ist empfehlenswert, nicht nur die Serveradressen, sondern auch E-Mail-Adressen, Telefon- und Faxnummern anzugeben, um potentiellen Interessenten die Kontaktaufnahme möglichst einfach zu gestalten.

Die "Internet Mall" ist eine andere Liste, die kommerzielle Angebote im Netz nach Kategorien geordnet auflistet und regelmäßig auf den neuesten Stand gebracht wird (vgl. ANGELL / HESLOP, S. 72 f.).

Im World Wide Web gibt es mehrere *Suchdienste*, die man auch als 'Gelbe Seiten' des WWW bezeichnen könnte. Eine aktuelle Internet-Umfrage hat ergeben, daß in über 90% aller Internet-Recherchen diese Listen der Ausgangspunkt sind (vgl. GLADIS / EBERLEIN / GOTTSCHALK, S. 200). Es ist also von eminenter Wichtigkeit, dort vertreten zu sein. Der Eintrag in diese Listen ist kostenlos und kann bei den einzelnen Diensten unter Angabe der URL, einer kurzen Beschreibung des Angebots und einer Mail-Adresse beantragt werden. Am beliebtesten sind momentan die Suchdienste „Yahoo" und „Lycos". Lycos gilt als der momentan modernste Suchdienst. Der Indizierungsmechanismus erstellt mit Hilfe eines Wortgewichtungsalgorithmus einen Auszug aus der Web-Seite, der dann indiziert wird. Yahoo bietet eine nach Themengebieten geordnete Baumstruktur (vgl. GOLDMANN / STRASHEIM, S. 174).

Einen besonders bequemen Weg bietet ein Dienst namens „Submit-it" an: Unter

http://submit-it.permalink.com/submit-it/

können interessierte Anbieter ihr Angebot automatisch in allen wichtigen internationalen Suchdiensten eintragen lassen (vgl. MÜNZ, S. 48).

Auf jeden Fall sollte eines bedacht werden: der Zulauf, den das Angebot des Unternehmens erhalten wird, ist hauptsächlich davon abhängig, inwieweit die Nutzer das Angebot als nützlich und interessant betrachten werden. Im selben Maße wird auch die Mund-zu-Mund-Propaganda, beispielsweise über die Newsgroups, für Interessenten sorgen. Allerdings gilt dies auch umgekehrt: ein schlechtes Angebot spricht sich genauso schnell herum wie ein gutes.

3.5 Die Nutzung der Internet-Dienste

Die Benutzung der einzelnen Internet-Dienste kann Unternehmen jeweils unterschiedliche Vorteile bringen und Verbesserungen der Produktivität bewirken. Diese sollen im folgenden näher spezifiziert werden. Darüber hinaus werden Richtlinien empfohlen, die helfen sollen, die Reibungsverluste zu minimieren.

3.5.1 Die Kommunikation per E-Mail

Der Einsatz von E-Mails für die Kommunikation sowohl innerhalb des Unternehmens als auch mit externen Kommunikationspartnern bietet neue, attraktive und effiziente Möglichkeiten. Die E-Mail ist sicherlich der Dienst des Internet, in dem man am unmittelbarsten den Nutzen des Mediums erkennt.

E-Mails kombinieren die Präzision und Verbindlichkeit von Memos und Briefen mit der Geschwindigkeit und Unmittelbarkeit von Telefongesprächen:

• Verglichen mit einem Telefongespräch kann in einer E-Mail bewußter und geordneter Information vermittelt werden. Sie sorgt für einen Zeitausgleich über Zeitzonen und verlangt nicht die unverzügliche Beantwortung, sondern verschafft dem Empfänger eine gewisse Flexibilität. Er wird nicht von Anrufen in seiner Arbeit unterbrochen, sondern kann konzentriert arbeiten und die Beantwortung der aufgelaufenen E-Mails 'en bloc' vornehmen. E-Mails können rund um die Uhr versandt und gelesen werden und verschaffen so beiden Partizipanten eine freie Zeiteinteilung, die gerade auch neuen Beschäftigungsformen wie Teleheimarbeit u.a. gerecht wird.

- Verglichen mit schriftlichem Verkehr in traditioneller Form verkürzt die Nutzung von E-Mail die Antwortzeiten beträchtlich. So kann eine Kommentierung von einzelnen Abschnitten direkt in Verbindung mit dem Zitat erfolgen, und viele Ineffizienzen werden durch die direkte elektronische Weiterverarbeitbarkeit und Speicherbarkeit vermieden.

E-Mails ermöglichen direkte und interaktive Kommunikation, indem unternehmensspezifische und soziologische Hemmschwellen umgangen werden. Die Planung und Vorbereitung von Besprechungen wird vereinfacht; es wird ein Forum für Nachfragen und Klarstellungen zur Verfügung gestellt, und indem die Geschwindigkeit von Entscheidungsfindungsprozessen verbessert wird, steigt auch die Produktivität. Darüber hinaus sinken tendenziell Telefon- und Portokosten (vgl. ANGELL / HESLOP, S. 78 f.).

Bevor eine E-Mail-Adresse veröffentlicht wird, sollte das Unternehmen einen Plan entworfen haben, wie eingehende E-Mails behandelt werden. Denn bei der Kommunikation per E-Mail erwarten die Kommunikationspartner größtenteils eine tendenziell schnellere Bearbeitung als bei der traditionellen Post. Wenn diese nicht gewährleistet ist, werden viele Interessenten wieder abspringen. So ist es sinnvoll, die zahlreichen Automatisierungsmöglichkeiten zu nutzen, die sich gerade bei der Behandlung von E-Mail anbieten.

Eingehende E-Mails können typischerweise durch spezielle Filter laufen. Diese Filter suchen nach speziellen Betreff-Begriffen, Zeichenfolgen innerhalb der Mail, nach einzelnen Absendern oder ähnlichem. Für jeden Satz von Filter-Begriffen wird festgelegt, was dann mit der betreffenden Mail zu geschehen hat. So können Mails, die das Wort Bestellung enthalten, automatisch an die Bestellannahme geleitet werden; der Beschwerde-Filter beispielsweise leitet die Mail automatisch an die entsprechenden Bearbeiter weiter.

Eine weitere Rationalisierungsmöglichkeit ist ein *Mailbot*. Dies ist typischerweise ein Programm, das auf dem Mail-Server läuft und über Filterkriterien relevante Mails erkennt und mit Standard-Mails beantwortet. So könnte er zum Beispiel auf den Betreff „Info" reagieren und in diesem Fall automatisch eine E-Mail mit Informationen an den Absender schicken. Dafür bieten sich oft geforderte Informationen an wie z.B. Adressen und Geschäftszeiten des Unternehmens, Unternehmensprofil und Produktpalette sowie direkte Ansprechpartner in den jeweiligen Abteilungen. Produktinformationen und Produktsupport, Testberichte und Presseartikel sind ebenfalls von Nutzen.

Eine andere Möglichkeit ist ein Mailing-List-Server, der dem Anforderungsprinzip des Internet Rechnung trägt. Interessenten können darüber eine Art E-Mail-Abonnement abschließen, indem sie eine Mail mit standardisiertem Betreff (z.B. „subscribe") an den Mailbot schicken; dieser trägt sie daraufhin in eine Mailing-List ein. Wenn nun Informationen - beispielsweise neue Produkte betreffend - anfallen, so kann der Mailing-List-Server automatisch diese Informationen an alle 'Abonnenten' verschicken.

Eine solche Werbe-E-Mail sollte auf jeden Fall nur an Personen geschickt werden, die dies ausdrücklich - z.B. durch den Eintrag in die Mailing-List - wünschen. Unangeforderte Werbung ist im Internet unerwünscht und führt teilweise zu sehr heftigen und unangenehmen Reaktionen (vgl. Kapitel 3.2.1). Beim Erstellen einer solchen Botschaft sollte vor allem auf den Inhalt geachtet werden. Das Instrument der E-Mail und die Gesamtheit der Internet-Benutzer bevorzugen klare, gefilterte Information. Inhaltsleere Werbebotschaften sind fehl am Platze und führen nicht zum gewünschten Erfolg.

3.5.2 Network News

Die Network News können von Unternehmen zu unterschiedlichen Zwecken eingesetzt werden. In Diskussionsgruppen, die für das Unternehmen wichtige Bereiche berühren, können wertvolle Informationen aufgenommen werden. Darüber hinaus können die Newsgroups auch zur Kommunikation mit potentiellen Kunden genutzt werden; dabei sollte allerdings sehr behutsam vorgegangen werden.

Die meisten Teilnehmer der Network News reagieren sehr unfreundlich, wenn die Diskussionsgruppen zur Werbung genutzt werden. Wenn das Unternehmen die Zeit hat, sich mit einer besonders relevanten Newsgroup wirklich zu beschäftigen, sich langsam einzuführen, an den Stil der Gruppe anzupassen und von den Teilnehmern als verantwortungsvolles Mitglied der Internet-Gemeinde angesehen wird, dann kann auch dezent für einzelne Produkte in Form einer Empfehlung geworben werden.

Auf jeden Fall sollten solche Artikel immer nur in einer Newsgroup auftauchen, in der die überwiegende Anzahl der Teilnehmer daran interessiert ist. Das synchrone Senden von gleichartigen Artikeln in unterschiedliche Newsgroups wird als „Cross-Posting" bezeichnet, was unterlassen werden sollte.

Beim Entwurf eines Artikels für eine Newsgroup gelten prinzipiell - in noch strengerer Form - die Grundsätze, die auch beim Erstellen von E-Mails beachtet werden sollten. Der Artikel sollte nicht zu lang sein und auf den Punkt kommen. Wenn ein Internet-Nutzer den Eindruck hat, ihm wird Zeit gestohlen, wird er den Artikel nicht zu Ende lesen. Zusätzliche und eher nebensächliche Informationen sollten nicht in den Artikel eingebaut werden; für Interessierte kann auf weitere Quellen hingewiesen werden. Sonderzeichen, Farben und spezielle Formatierungen sollten nicht verwendet werden, denn auf den unterschiedlichen Systemen, von denen auf die Network News zugegriffen wird, werden sie u.U. nicht richtig dargestellt. Mit Zitaten sollte behutsam umgegangen werden; von urheberrechtlich geschützten Werken sollten nur kurze Zitate verwendet werden. Artikel von anderen Teilnehmern sollten nur unter Bezugnahme auf die „MessageID" verwendet werden, andere Ordnungsmerkmale können von System zu System variieren. Private E-Mails sollten, wenn überhaupt, nur mit dem ausdrücklichen Einverständnis des Autors öffentlich zitiert werden (vgl. ANGELL / HESLOP, S. 93 ff.).

3.5.3 Anbieten von Informationen per FTP

Auf einem FTP-Server können Informationen jeglicher Art in Form von Dateien sowie Programme einem beliebig großen Kreis von Personen zur Verfügung gestellt werden. Das Unternehmen muß sich im klaren darüber sein, welche Daten wem in welcher Form angeboten werden sollen.

Viele Datentypen können nur auf einzelnen Systemplattformen verwendet werden. Es muß entschieden werden, inwiefern nur allgemein gebräuchliche Formate verwendet werden, die dann entsprechende Limitationen in der Ausgestaltung bewirken. ASCII-Code kann auf jeder Systemplattform verwendet werden, beschränkt den Nutzer aber auf den amerikanischen Standard-Zeichensatz. Nationale Sonderzeichen oder gar Formatierungen sind nicht möglich. Wenn andere Formate angeboten werden sollen, muß entschieden werden, welche Plattformen unterstützt werden sollen.

Bei angebotenen Programmen sollte auf etwaige Urheberrechte geachtet werden. Dies ist vor allem dann der Fall, wenn Nutzer die Möglichkeit erhalten sollen, nicht nur Daten zu holen, sondern auch auf dem Server ablegen zu können. Das führt vor allem in Bezug auf Viren zu Sicherheitsproblemen; wenn auf diese Möglichkeit nicht verzichtet werden soll, muß organisatorisch sichergestellt sein, daß Dateien eingehend auf Viren getestet werden, bevor sie genutzt werden oder anderen Nutzern angeboten werden.

Es muß geklärt werden, ob ein anonymer Zugang genehmigt wird, oder ob nur speziell Berechtigte wie z.B. Kunden über ein Paßwort Zugang zum FTP-Dienst erhalten. Diese Zugriffsrechte können auch sehr detailliert vergeben werden, so z.b. für einzelne Verzeichnisse.

Die Dateien werden i.d.R. komprimiert, was durchschnittlich - in Abhängigkeit vom Dateityp - 50% Größenreduzierung bringt. Dadurch spart das Unternehmen Festplattenplatz, die Übertragung durch das Internet benötigt weniger Zeit und verursacht so tendenziell weniger Kosten.

Der FTP-Server sollte durchschaubar und übersichtlich organisiert sein. Aussagefähige Verzeichnis- und Dateinamen tragen zur besseren Orientierung der Nutzer bei, und auch etwaige Recherchen über Archie führen eher zum Erfolg. Im obersten Verzeichnis sollte eine FILELIST liegen, die alle Dateien auf dem Server auflistet. Ein Index, der die Dateien jeweils kurz beschreibt, ist sicherlich auch sehr hilfreich. Beide Dateien sollten regelmäßig aktualisiert werden und aus Kompatibilitätsgründen aus ASCII-Text bestehen.

In einer README-Datei können allgemeine Informationen bereitgestellt werden, wozu dieser Server da ist, wer ihn verwaltet, wie die Dateien komprimiert sind, woher man ein Programm zum Dekomprimieren erhält u.ä.

Um den FTP-Service bekanntzumachen, empfiehlt sich wieder die Aufnahme auf Visitenkarten, in Unternehmensprospekte, in Werbung und Korrespondenz. Allerdings ist dies gerade bei FTP nicht unbedingt nötig; die entsprechenden Archie-Server überprüfen regelmäßig das Internet und nehmen das FTP-Angebot des Unternehmens automatisch in ihren Suchkatalog auf, so daß Nutzer auch über eine allgemeine Recherche auf das Angebot aufmerksam werden können. Außerdem wird häufig in Gopher-Menüs oder WWW-Seiten die Möglichkeit zum direkten Download von Dateien aus dem FTP-Bereich angeboten. Eine Verknüpfung zwischen diesen Bereichen wäre also sinnvoll und komfortabel.

3.5.4 Präsenz im Gopherspace

Auch beim Aufbau eines Gopher-Services muß zuerst entschieden werden, welche Informationen potentiellen Nutzern angeboten und welche Datei-Formate unterstützt werden sollen. Anhaltspunkte könnten die Gopher-Dienste anderer vergleichbarer Unternehmen geben, sofern man Zugriff auf solche hat. Das Unternehmen muß sich entscheiden, in welcher Weise es Informationen über das Unternehmen selbst und eventuell über einzelne Produkte anbieten will. Dem Nutzer könnte die Möglichkeit gegeben werden, weitere Informationen anzufordern, oder Software bzw. Informationen könnten verkauft und direkt über Internet dem Nutzer zugestellt werden.

Beim Erstellen von Dokumenten besteht prinzipiell das gleiche Problem wie bei FTP, nämlich die Wahl der Datei-Formate. Will man möglichst viele verschiedene Systeme unterstützen, so sollte ASCII- oder Rich Text Format (RTF) verwendet werden. Dabei muß man allerdings auf aufwendige Gestaltung verzichten. Will man dagegen ansprechende Dokumente anbieten, muß man entweder verschiedene Formate anbieten, oder aber man schließt von vornherein eine Anzahl an potentiellen Nutzern aus.

Eine der interessantesten Eigenschaften von Gopher ist, wie bereits erwähnt, daß unterschiedliche Dienste unter einer einheitlichen Oberfläche angeboten werden können. Von dieser Fähigkeit sollte man auch Gebrauch machen. Am naheliegendsten ist es, das Lesen und Laden von Dokumenten zu ermöglichen und Verbindung zu anderen Gopher-Servern zu schaffen. Aber Gopher kann auch zu vielen weitergehenden Diensten konfiguriert werden: Telnet ermöglicht dem User die Benutzung externer Rechner. Archie-Server können durchsucht, die Verbindung zu gefundenen Dateien hergestellt und diese Dateien direkt dem Gopher-Client zur Verfügung gestellt werden. Auch die Benutzung von - lokalen wie auch entfernten - WAIS-Datenbanken könnte attraktiv sein (vgl. ANGELL / HESLOP, S. 123 ff.).

3.5.5 Multimedia Marketing im World Wide Web

Das Angebot im WWW ist sicherlich die modernste, populärste und auch lohnendste Art für ein Unternehmen, im Internet aktiv zu sein, denn ein attraktives Angebot mit Hypertext Links, Grafiken, unterschiedlichen Schriftarten und Formatierungen, Sound und sogar Video kann sehr komfortabel zur Verfügung gestellt werden. Durch die grafische Benutzeroberfläche und die einfache Handhabung spricht das WWW eine potentiell hohe Zahl von Nutzern an. Es bietet Unternehmen alle Möglichkeiten der

Aktivität von simplen Werbeanzeigen bis hin zu virtuellen Kaufhäusern und umfassenden Service-Angeboten. Der einzige Nachteil ist, daß ein potentieller Nutzer einen direkten IP-Zugang benötigt; eine Terminal-Emulation reicht - zumindest für eine attraktive Darstellung - nicht aus.

Als Dienst des Internet basiert WWW oberhalb der TCP/IP-Ebenen auf einem Protokoll, das als Hypertext Transmission Protocol (HTTP) bezeichnet wird. Auch das WWW arbeitet auf Client/Server-Basis; Internet-User benutzen ein Client-Programm, das typischerweise als *Browser* bezeichnet wird. Dieses Client-Programm läuft unter dem jeweiligen Betriebssystem des Nutzers und bietet die Möglichkeit, auf Web-Server, aber auch FTP, Gopher oder andere Dienste zuzugreifen. Die Web-Browser stellen Dokumente im HTML-Format dar, bieten aber darüber hinaus noch weitergehende Möglichkeiten. Implementiert sind normalerweise Unterstützungen für Multimedia-Daten aller Art, so z.B. Schriftarten, Grafiken, Videos u.a. Das ist nötig, denn jedes Dokument im WWW kann diese Elemente enthalten.

Außerdem enthalten die meisten dieser Dokumente Links zu anderen Dokumenten, Listen oder ganz allgemein Ressourcen. Angesprochen werden diese über ein Adressierungsschema, das als *Universal Resource Locator* (URL) bezeichnet wird. Durch einfaches Auswählen bzw. Anklicken eines solchen Links wird zu dem anderen Dokument verzweigt, auf eine andere Ressource zugegriffen bzw. eine Aktion ausgelöst.

Die gesamte Darstellung der Information wird vom Client verrichtet. Der Server schickt die Information übers Internet; Formatierung, Layout sowie die Darstellung von Multimedia-Daten übernimmt der aber Client, was dessen Rechenleistung u.U. in nicht unerheblicher Weise fordern kann (vgl. ANGELL / HESLOP, S. 143 ff.).

3.5.5.1 HTML - Vom Dateiformat zur Universalsprache

Die Hypertext Markup Language (HTML) stellt die formale Syntax für die WWW-Dokumente zur Verfügung und kann somit als Grundlage des WWW angesehen werden. Ein HTML-Dokument besteht aus ASCII-Text, was eine schnelle Übertragung und gute Portierbarkeit auf unterschiedliche Plattformen gewährleistet. Neben dem eigentlichen Text enthält ein HTML-Dokument noch zusätzliche Zeichenfolgen, die eine Steuersprache darstellen. Diese Gestaltungs-Informationen werden in Form von „Tags" angegeben, die man auch als Schalter interpretieren kann. So lautet die erste Zeile eines HTML-Dokuments immer <HTML>, die letzte </HTML>. Die Tags werden prinzipiell von eckigen Klammern eingeschlossen; abschließende Tags erkennt man an dem vorgestellten Schrägstrich.

Durch dieses Prinzip kann eine Vielzahl von Layout-Informationen definiert werden. Da die Erstellung eines HTML-Dokuments mit Hilfe eines ASCII-Editors zwar prinzipiell möglich, aber sehr umständlich und unkomfortabel ist, existieren für die unterschiedlichsten Betriebssysteme HTML-Editoren, auf denen Dokumente ähnlich einer modernen Textverarbeitung entworfen werden und die daraus dann HTML-Code generieren. Ende 1995 soll ein neuer HTML-Standard mit der Versionsnummer 3 vorgestellt werden. Eine wichtige Neuerung gegenüber der Version 2 wird die Unterstützung von Tabellen sein. Grafiken können dann frei positioniert und von Text umflossen werden. Technische und mathematische Formeln werden unterstützt, und die logische Zusammengehörigkeit von Dokumenten kann definiert werden. Vor allem in Bezug auf die Gestaltung werden zusätzliche komfortable Funktionen integriert sein: Wie bei Textverarbeitungen wird man Formatvorlagen (Stylesheets) erstellen können, in denen grundlegende Informationen wie Schrift- und Absatztypen mit den entsprechenden Attributen, Numerierungsschemata u.ä. global festgelegt werden. Fußnoten zu einzelnen Begriffen in PopUp-Fenstern, wie sie aus der Windows-Hilfe bekannt sind, und nichtscrollende Regionen - z.B. für ein Logo oder ein zentrales Auswahlmenü - werden ebenfalls unterstützt.

Aus dem Konzept von HTML folgt aber auch, daß allein die Implementation in HTML diese Funktionen nicht für die Nutzer zugänglich macht; vielmehr muß deren Web-Browser HTML3-fähig sein.

HTML-Seiten sind aber längst nicht mehr nur im Internet im Einsatz; Web-Browser arbeiten je nach Einstellung auch als Cache und speichern HTML-Seiten - auch auf Kommando - auf der lokalen Festplatte ab; dort können sie später offline gelesen werden. In Compuserve und in vielen Mailboxen liegen HTML-Dateien bereit; oft sind sie als Startseiten für das WWW konfiguriert. Auch auf CD-ROMs werden zunehmend HTML-Dokumente publiziert und verwendet: HTML läßt sich zum Erstellen ganzer Oberflächen einsetzen.

Es ist jetzt schon abzusehen, daß in einigen Jahren auf der überwiegenden Anzahl aller Rechner ein Web-Browser oder ein vergleichbares HTML-fähiges Programm installiert ist. Dadurch und durch die ISO-Normierung sowie den weiteren Einsatz im boomenden WWW wird HTML „zum zweitkleinsten gemeinsamen Nenner jenseits des ASCII-

Zeichensatzes" (MÜNZ, S. 48) werden. Firmenpublikationen und Fachliteratur, Handbücher und Dokumentenarchive werden auf CD-ROMs, anderen Datenträgern oder online im HTML-Format zur Verfügung stehen (vgl. MÜNZ, S. 45 ff.). Auch über die nächste Generation wird schon nachgedacht: sie heißt *Virtual Reality Markup Language* (VRML). Anstatt eines Anzeigefensters mit Text und anklickbaren Verweisen wird dem Nutzer eine dreidimensionale Welt mit Räumen und Türen geboten. Die Integration von multimedialen Daten wird stark zunehmen, und der Datenhelm könnte zur wünschenswerten Ausstattung gehören. Nichtsdestotrotz wird die Sprache weiterhin aus ASCII-Text mit Tags bestehen. Die Anforderungen an den Client-Rechner - vor allem in Bezug auf den Arbeitsspeicher - sowie die Übertragungsgeschwindigkeit (ISDN) sind aus heutiger Sicht recht groß, aber die rasante Entwicklung auf diesem Sektor läßt erwarten, daß VRML nicht nur Zukunftsmusik ist. So bieten heute die Grafikkarten der neuesten Generation integrierte 3D-Funktionen und stellen damit eine mehr als ausreichende Leistung für Online-VR-Applikationen bereit; schon 1997 wird für Virtual Reality-Browser eine große Nachfrage erwartet (vgl. GRUBER, S. 24).

3.5.5.2 Der Entwurf eines WWW-Angebots

Das Schöne an einem Angebot im WWW ist, daß es ausbaufähig und damit flexibel ist. Ein Unternehmen kann mit einer einzelnen Werbeseite starten und dieses Angebot nach und nach, je nach Bedarf und Nachfrage, weiter ausbauen. Aber für alle Ausprägungen einer Präsenz gilt eine elementare Anforderung: mit Hilfe von sorgfältig entworfenem Text und hochqualitativen Grafiken soll eine visuell ansprechende Präsentation geschaffen werden, die Informationen organisiert, verknüpft und übersichtlich darbietet.

Am günstigsten und einfachsten ist es, eine einzelne Seite im WWW anzubieten. Eine solche einfache "Broschüre" könnte zum Beispiel das Unternehmenslogo enthalten, eine Beschreibung der Tätigkeitsfelder und weitere Kontaktadressen sowie vielleicht einen Link zu einem File auf einem FTP-Server, das weitere Informationen bietet. Solche einfachen Seiten können schon für ca. DM 50,- pro Monat bei einem entsprechenden Dienstleister im WWW angeboten werden.

Ein umfangreiches Informationsangebot besteht aus mehreren miteinander verknüpften Seiten. In diesem Rahmen könnte zum Beispiel neben allgemeinen Informationen ein Online-Katalog angeboten werden, der Bilder von Produkten, Text und Icons enthält. Bestellungen werden auf konventionellem Wege aufgegeben.

Wenn es dem Internet-Benutzer ermöglicht werden soll, direkt online zu bestellen, dann erfordert dies zusätzlich noch die Infrastruktur zur Bestellbearbeitung (vgl. ANGELL / HESLOP, S. 152 ff.). Deshalb bietet sich spätestens für dieses Angebot ein eigener Server an.

Wenn eine Entscheidung darüber gefallen ist, wie das Angebot ausgelegt und dimensioniert sein soll, müssen die Seiten gestaltet werden. Diese Aufgabe kann an den Provider oder den Dienstleister vergeben werden, bei dem die Seiten plaziert werden sollen, sofern er das anbietet. Abgesehen davon gibt es auch Dienstleister, die sich auf das Erstellen von WWW-Seiten spezialisiert haben. Aber natürlich kann das Unternehmen auch selbst ein Angebot entwerfen und umsetzen.

Bevor man sich jedoch an die Gestaltung der Seiten macht, sollte die Struktur des Angebots genau geplant werden. Eine sinnvolle Unterteilung in kleinere Informationseinheiten (= Seiten) ist zu empfehlen, da so eine bessere Orientierung und Übersicht gegeben ist. Allerdings muß darauf geachtet werden, daß immer ein klares System zu erkennen ist, denn sonst 'verirrt' sich der Nutzer in einem Labyrinth aus Web-Seiten. Ungeübte Entwickler neigen bei Hypertextsystemen oft dazu, zu viele Links in den Text einzubauen. Die farblich hervorgehobenen Hyperlinks stören den Lesefluß und die Bedeutung des Textes wird geschmälert (vgl. KUNZE, S. 167).

Ein einheitliches Erscheinungsbild aller Web-Seiten schafft Übersichtlichkeit, sorgt für einen Wiedererkennungseffekt und hinterläßt einen guten Eindruck. Lange Texte sollten so gut wie möglich vermieden oder wenigstens mit Hilfe von Überschriften strukturiert werden. Einheitliche Navigationshilfen auf jeder Seite, wie z.B. ein Hyperlink zum Inhaltsverzeichnis im Seitenfuß oder ein Link per E-Mail zum Verantwortlichen des Web-Angebots, bieten dem Nutzer einen hohen Komfort. Durch eine einheitliche Menüstruktur auf allen Seiten wird nicht nur die Navigation erleichtert, sondern es werden auch Kosten gespart: Wenn Menüs immer dieselben Bilder benutzen, kommen diese nur bei der ersten Anforderung übers Internet; bei jedem weiteren Aufruf werden sie aus dem lokalen Cache geladen (Speicher oder Festplatte), was Zeit und Geld spart. Überhaupt sollte man sich aus diesem Grunde bei den 'teuren' Gestaltungselementen wie Grafiken, Töne und vor allem Videos zurückhalten, denn viele Nutzer sind nur mit verhältnismäßig langsamen Verbindungen ans Internet angeschlossen und werden bei extensivem Datentransfer über Gebühr belastet, was nicht zur Akzeptanz des Angebots beiträgt. Bei einer Grafik, die als Hyperlink fungieren soll, ist es sinnvoll, diese mit einer zusätzlichen Textbeschreibung auszustatten, denn viele Nutzer haben die Grafikdarstellung aus den genannten Gründen abgeschaltet und würden sonst die Orientierung verlieren.

Große Aufmerksamkeit sollte vor allem zwei Seiten gewidmet werden: der *Homepage* und dem *Inhaltsverzeichnis*. Die Homepage, die man auch als Titelseite bezeichnen könnte, stellt den Einstiegspunkt in das Web-Angebot dar. Ein Nutzer, der das Angebot zum ersten Mal anwählt, wird hier seine Erkundungstour starten, und von dieser Seite erhält er seinen ersten Eindruck. Deshalb lohnt es sich, gerade hier Zeit und Mühe zu investieren. Die Homepage sollte ein nicht zu großes, aber klar erkennbares Firmenlogo sowie Menüpunkte für die Hauptkapitel des Angebots enthalten. Eine Sprachauswahl für internationale Kunden ist gegebenenfalls sinnvoll. Auf allen Web-Seiten, besonders aber im Inhaltsverzeichnis, sind Übersichtlichkeit sowie eine klare und eingängige thematische Gliederung gefordert.

Mit kleinen Grafiken, die nach dem Mosaiksystem zu effektvollen Hintergrundbildern zusammengefügt werden, lassen sich in Verbindung mit individuell gewählten Textfarben hohe gestalterische Ansprüche befriedigen (vgl. GLADIS / EBERLEIN / GOTTSCHALK, S. 210 f.).

3.6 Finanzielle Transaktionen im Internet

Das WWW kann aber nicht nur zu Marketingzwecken, sondern auch zum Verkauf von Produkten oder Dienstleistungen genutzt werden. Eine Studie ergab, daß die deutschsprachigen Internet- bzw. WWW-Nutzer sehr aufgeschlossen gegenüber kommerziellen Angeboten sind. Gerade die Einkaufs und Bestellmöglichkeiten per Internet werden vergleichsweise mehr geschätzt als in den USA, wo die Nutzer durch fehlende Ladenschlußgesetze, den traditionell stark ausgeprägten Katalogkauf und das große Angebot an Unternehmen mit gebührenfreien Servicenummern eher übersättigt sind (vgl. DALLENBACH, S. 8). So scheint gerade in Deutschland durchaus ein Bedarf an *Internet-Shopping* zu bestehen.

Täglich eröffnen hunderte von Einkaufsmöglichkeiten im Internet. Oft sind mehrere Angebote zu einer *Electronic Mall* zusammengefaßt, die Ähnlichkeit mit einer virtuellen Fußgängerzone hat. Trotzdem hat sich der Einkauf per Internet bisher nicht in dem Maße durchsetzen können. Die Skepsis gegenüber dem elektronischen Einkauf hängt sicherlich auch mit Garantieleistungen und Rücktrittsrecht zusammen, die im internationalen

Verkehr nicht einheitlich geregelt sind (vgl. BORCHERS (b), S. 281 f.). Der Hauptgrund aber, warum der Verkauf von Waren und Daten über das Internet bis heute nur in sehr geringem Ausmaß erfolgt, ist wohl die mangelnde Sicherheit vor allem im Zusammenhang mit der Bezahlung. Bisher kann ein Anbieter seine Leistungen nur per Nachnahme, gegen Rechnung oder gegen eine Kreditkartennummer verkaufen. Die Nachnahme ist bei hohen Beträgen nicht beliebt und funktioniert nur innerhalb Deutschlands unproblematisch. Der Verkauf gegen Rechnung birgt ein Risiko für den Verkäufer, da ihm der Kunde in vielen Fällen unbekannt ist, und der Versand von Kreditkartennummern über das Internet ist wegen der mangelnden Datensicherheit unbeliebt (vgl. GLADIS / EBERLEIN / GOTTSCHALK, S. 202).

Solange der Online-Kauf noch das Risiko birgt, belauscht und bestohlen zu werden, wird er sich nicht auf breiter Front durchsetzen (vgl. ENGELS, S. 121). Wie schon erwähnt, sind die Gefahren, gerade beim Bezahlen per Kreditkarte, zwar auch nicht explizit größer als im normalen Verkehr (vgl. Kapitel 2.6), aber sie sind vorhanden und stellen vor allem ein psychologisches Hindernis dar.

Viele Ansätze gehen in die Richtung, die Grundlagen des Internet in Bezug auf die Sicherheitsproblematik zu verändern. Allerdings sind Änderungen in diesem Bereich vor allem eines: nämlich umständlich und damit teuer. Das Internet war ursprünglich nicht dafür ausgelegt, ein sicheres Medium zu sein. Soll das geändert werden, muß an den Grundfesten Hand angelegt werden.

Deshalb existieren mehrere Ansätze, die eine ausreichend sichere Abwicklung von Geschäften auch schon mit der heutigen Infrastruktur ermöglicht. Das System von *First Virtual* (FV) beispielsweise basiert auf gewöhnlichen Internet-Diensten wie E-Mail, FTP und WWW. Es erfordert auf der Kundenseite keinerlei spezielle Software und ist bereits heute weltweit einsetzbar. First Virtual verzichtet sogar auf eine Verschlüsselung, da keine sicherheitsrelevanten Informationen übers Internet gehen. Die Kreditkartennummer wird bei der Anmeldung einmalig per Brief oder Telefon an First Virtual übermittelt und dort in einem Rechner gespeichert, der keine Verbindung zum Internet hat. Der User schickt seinen Kaufantrag inklusive seiner FV-Kontonummer per E-Mail ab. Der Käufer meldet den Kaufwunsch an FV weiter, und FV fragt umgehend beim Käufer nach, ob er tatsächlich der Besteller ist und zahlen will. Stimmt er zu, wird der Vorgang bei FV gespeichert und später über Kreditkarte abgerechnet. First Virtual bestreitet nicht, daß auch dieses System keine absolute Sicherheit gewährleistet - aber die Möglichkeit, daß sowohl FV-Kontonummer als auch Bestätigungsabfrage von einem Cracker abgefangen werden, ohne Spuren zu hinterlassen, wird als sehr gering eingeschätzt. Darüber hinaus wird der Kunde durch die üblichen Haftungsbeschränkungen und Stornoverfahren der Kreditkartenunternehmen geschützt. Der Kunde zahlt nur eine geringe einmalige Gebühr von $ 2 bei der Anmeldung; dem Verkäufer entstehen Kosten von einmalig $ 10 sowie $ 0,29 und 2% Provision bei jedem erfolgreichen Einkauf (vgl. SCHEUERER, S. 20 f.).

Doch das FV-Verfahren beseitigt nicht drei weitere Probleme, die den Verkauf von Informationen und Daten über das Internet behindern:

- Die Bezahlung per Kreditkarte ist bei kleineren Beträgen nicht rentabel. Viele Verkäufe, die über das Internet erfolgen könnten, wie z.b. einzelne Texte (Rezepte, Anleitungen, Artikel, Informationen etc.) oder Dateien (Programme, Bilder, Sound, Videos etc.), könnten für Pfennigbeträge angeboten werden - die Transaktionskosten machen eine Bezahlung per Kreditkarte in diesem Fall viel zu teuer.

- Eine *Anonymisierung* findet nicht statt. Im Gegensatz zum Einkauf mit Bargeld sind bei einer Zahlung per Kreditkarte immer mehrere Leute über die Art der getätigten Transaktion und die Identität des Käufers informiert.

- Transaktionen sind nur möglich, wenn der Anbieter einen Vertrag mit der Kreditkartengesellschaft geschlossen hat. Direkte Zahlungsvorgänge zwischen Privatpersonen sind nicht möglich.

Alles dies sind Funktionen, die im täglichen realen Zahlungsverkehr das Bargeld erfüllt. Und so liegt nichts näher, als das Prinzip des Bargelds ins Internet zu portieren; unter der Bezeichnung *Cybercash* wird dieser Ansatz von den Medien diskutiert. Die Firma DigiCash hat mit eCash ein vielversprechendes System entwickelt.

Das Verfahren basiert auf der *PrivateKey/PublicKey-Verschlüsselung* (vgl. Kapitel 2.6). Der Anwender fordert digitale Münzen von der Bank an, die deren Echtheit bestätigt und das reale Konto des Anwenders belastet. Die digitalen Zahlungsmittel lagern nun auf der Festplatte des Anwenders. Wenn er die Münzen später per Internet an einen Dritten schickt, muß dieser sie zur Echtheitsprüfung bei der Bank vorlegen. Damit wird das Kopieren und mehrfache Benutzen der eCash-Münzen verhindert. Gleichzeitig wird durch eine zusätzliche Verschlüsselung gewährleistet, daß die Bank bei der Echtheitsprüfung nicht erkennen kann, woher die Münze kommt, um die Anonymität zu waren. Das eCash-System wurde im Internet einem großen Praxistest unterzogen, um es sicher vor Fälschungen zu machen (vgl. STRASHEIM / GOTTSCHALK (b), S. 190).

Eine Kombination von eCash mit einer eCash-Karte macht die digitale Währung vom Internet unabhängig und erhöht damit ihren praktischen Nutzen. Der Anwender kann sich in diesem Fall eine Chipkarte mit einem speziellen Gerät von der heimischen Festplatte füllen und mit dem Geld von der Karte direkt einkaufen (vgl. HENKE / KOHLEN, S. 130).

Wenn genügend Banken für die Konvertibilität der digitalen in die reale Währung garantieren, könnte sich eCash als allgemein anerkanntes Zahlungsmittel im Internet durchsetzen. Ende 1995 häufen sich die Meldungen über Banken, die am digitalen Zahlungsverkehr teilnehmen wollen.

4 Zukunft des Internet

Es ist schwer zu sagen, wie das Internet in zehn Jahren aussehen wird und ob es in seiner heutigen Form überhaupt noch bestehen wird. Eine Tatsache ist, daß der Wandel von der Industrie- zur Informationsgesellschaft schon stattfindet. Das Internet ist momentan der Hauptträger dieser Entwicklung, und als solcher ist es in naher Zukunft nicht ersetzbar.

Für Deutschland läßt sich eine kurz- und mittelfristige Prognose treffen in der Art, daß das Internet eine ähnliche Bedeutung erlangen wird, wie es heute schon in den USA der Fall ist. Die langfristige Entwicklung ist zwar nicht vorhersagbar, aber es können doch deutliche Trends ausgemacht werden, die im folgenden angesprochen werden.

4.1 Nutzerstruktur und Inhalte

Das Internet entwickelt sich mit immenser Geschwindigkeit. Diese Aussage bezieht sich nicht nur auf den reinen Datenverkehr oder die Anzahl der angeschlossenen Nutzer oder Hosts, sondern auch auf die Zugänglichkeit und die Qualität der angebotenen Dienste.

Das Internet trägt der geänderten Benutzerstruktur Rechnung: Waren früher sowohl Inhalte als auch Bedienung eher auf eine kleine Gruppe von EDV-Kennern zugeschnitten, so nimmt die Ausrichtung auf den durchschnittlichen Nutzer zu.

Das Internet wird umso interessanter und attraktiver, je mehr Personen daran teilhaben. Dadurch wird die Basis breiter, mehr Meinungen und Erfahrungen werden eingebracht, die Informationsfülle und Nützlichkeit wird größer, was im Endeffekt dazu führt, daß sich noch mehr Menschen mit dem Medium Internet auseinandersetzen und daran teilnehmen. Eine wechselseitige Beziehung zwischen Angebot und Nachfrage entsteht, die zu einem anhaltenden Wachstum führt.

Der Horizont verschiebt sich vom einzelnen Host zum gesamten Internet. Wurde früher eine Information benötigt, so durchsuchte man einzelne Hosts. Die Funktion des Internet beschränkte sich auf den reinen Transport der Anfrage zu den Hosts und der Ergebnisse zurück. Heute dagegen bieten Suchwerkzeuge wie Archie, VERONICA oder die WWW-Suchdienste die Möglichkeit, das Internet als Ganzes als Informationsbasis zu nutzen. Dadurch verbessert sich die Zugänglichkeit von Informationen in großem Maße.

Die Integration der einzelnen Internet-Dienste nimmt stetig zu. Heute kann man z.B. über Gopher oder WWW Ressourcen unterschiedlicher Art wie Telnet, Network News oder FTP nutzen. Es wird immer unwichtiger, mit welchem Dienst der Nutzer ins Internet einsteigt (vgl. MAIER / WILDBERGER, S. 131 f.).

Prinzipiell kann man sagen, daß sich das Internet von einem technikorientierten Medium, das ein großes Maß an Know-how erfordert, weiterentwickelt zu einem benutzerorientierten Medium, das von einem Großteil der Bevölkerung ohne übermäßige Vorkenntnisse genutzt werden kann.

4.2 Technische Rahmenbedingungen

Die Rahmenbedingungen bei der Hardware der Endgeräte werden sich voraussichtlich weiter verbessern. 1995 stand in 21% aller deutschen Haushalte ein PC. Das Marktforschungsinstitut Inteco erwartet, daß dieser Anteil 1998 auf 38% hochgeschnellt sein wird (vgl. DOLAK / MÜLLER, S. 268). 1995 kauften 40% aller PC-Neukäufer ein Modem mit; dieser Anteil wird eher noch zunehmen. Durch die zunehmende Konkurrenz unter den Providern und auch Online-Diensten ergeben sich Preissenkungen, die dem Endbenutzer zugute kommen werden.

Anders sieht es bei der Verbindungsinfrastruktur aus: die Tarifstrukturreform der Deutschen Telekom AG Anfang 1996 wird die Online-Nutzer erheblich stärker belasten, als dies bisher der Fall war. Aber spätestens mit dem Ende des Monopols 1998 wird hier eine gegenläufige Entwicklung einsetzen.

Vor allem durch den großen Zuwachs an Nutzern, aber auch durch die Multimedia-Orientierung des World Wide Web nimmt der Datenverkehr im Internet dramatisch zu und droht die technischen Strukturen zu überfordern. Aber auch die unterschiedlichen Kapazitäten der weltweit angeschlossenen Netzwerke und deren von der Tageszeit abhängige Auslastung stellen große Probleme dar. So ist schon heute zu Spitzenzeiten kein zufriedenstellendes Arbeiten im Internet mehr möglich; die im Internet im internationalen Verkehr erzielbaren Datendurchsatzraten variieren je nach Situation teilweise um den Faktor 150 (vgl. o.V., NWZ v. 17.11.1995, S.30). Und von Nutzerseite deutet sich keine Entlastung an, im Gegenteil: Immer mehr Nutzer schließen sich ans Internet an, und immer mehr Firmen und Institutionen planen, im Internet aktiv zu werden, oft mit aufwendigen Multimedia-Paketen, welche die Engpässe im Verbindungsnetz noch zusätzlich belasten werden.

Die International Telecommunication Union prognostiziert für das Jahr 1997 einen Datenverkehr in der Größenordnung von 10.000.000 GigaByte, womit das Internet mehr

Daten als alle Telefonnetze der Erde zusammen transportieren würde. Für 1998 lautet die Schätzung auf 200.000.000 GigaByte. Der Datenverkehr im Jahre 1995 betrug etwa 60.000 GigaByte (vgl. o.V., Focus 44/1995, S. 218). Die Datenverbindungen im Internet bedürfen vor allem in Europa dringend des Ausbaus, um dem erwarteten Ansturm an neuen Nutzern und dem voraussichtlichen Zuwachs des Datenaufkommens gerecht zu werden.

Gerade Deutschland leidet unter dem Netzmonopol der Deutschen Telekom AG. Die Anschlußgebühren für Hochleistungs-Breitband-Verbindungen sind sehr hoch und nur für wenige Nutzer bezahlbar; das macht den Anschluß recht exklusiv. Die Situation ist rekursiv: denn dadurch, „daß nur wenige Geschäfts- oder Kooperationspartner per Hochleistungsnetz erreichbar sind, sinkt der Nutzwert und die hohen Anschlußgebühren rechnen sich nicht" (SCHMIDT, S.297). Während in Deutschland nur wenige zahlungskräftige Institutionen mit 1,92 Mbps angeschlossen sind, sind in den USA und Großbritannien 155 Mbps keine Seltenheit. In den USA sind also Verbindungen nicht nur 80mal schneller als in Deutschland, sondern auch 10mal kostengünstiger (vgl. SCHMIDT, S. 297). Trotzdem zeigt sich Jim Clark von Netscape Communications zuversichtlich über die zukünftige Entwicklung der Bandbreiten. Er erwartet spätestens mit der Freigabe der Telekommunikationsmärkte in Europa einen umfangreichen Ausbau der Kapazitäten (vgl. CLARK (b), S. 126).

Außerdem wird die wachsende Konkurrenz voraussichtlich massive Kostensenkungen zur Folge haben. Durch die zunehmende Präsenz des Internet in den Medien und die wachsende wirtschaftliche Bedeutung, auch in Bezug auf die internationale Konkurrenz, wächst der Druck auf die Politik, sich dieses Problems anzunehmen. Letzlich führt der Einstieg von immer mehr Unternehmen so auch zur Bereitstellung von Mitteln, die in den Ausbau der Verbindungen investiert werden können. Als Beispiel seien hier wieder die USA genannt, wo jeden Tag ca. 14.000 neue Mitglieder kommerziellen Online-Diensten beitreten Mit diesem Mitgliederboom fließt auch *Venture Capital* ins Netz. Im gesamten Jahr 1994 wurden 42 Millionen Dollar investiert; im ersten Quartal 1995 waren es schon 45 Millionen Dollar (vgl. SEBALD (a), S. 14).

4.3 Kommerzialisierung

Bisher sehen viele Firmen das Internet mehr als zusätzliches Werbemedium denn als Absatzkanal für ihre Produkte an (vgl. Abbildung 11). Einen direkt meßbaren Return on Investment gibt es ebensowenig wie bei anderen Imagekampagnen (vgl. STRASHEIM / GOTTSCHALK (a), S. 184). Kritische Stimmen bezweifeln die Möglichkeit, im Internet Geld zu verdienen. Jim Clark bemüht dafür den Vergleich mit dem Fernsehen: es ist ebenfalls kostenlos für beliebig viele Menschen zu empfangen, und trotzdem verdienen die Anbieter Geld damit (vgl. CLARK (a), S. 216 f.). Der große Vorteil des Internet gegenüber dem Fernsehen ist die Interaktivität, die neue Möglichkeiten eröffnet.

Nach einer US-Studie werden im Jahr 2000 rund 3 Mrd. Dollar im Internet erwirtschaftet werden, davon ca. 90% durch Werbung (vgl. DERNBACH, S. 15). Eine andere Studie von Forrester Research ist noch optimistischer und schätzt den Umsatz im Internet schon im Jahr 1998 auf knapp 5 Milliarden Dollar (vgl. STRASHEIM / GOTTSCHALK (a), S. 184).

4.4 Integration und Internetzentrierung

Eine sehr wichtige Entwicklung ist die zunehmende Integration anderer Plattformen ins Internet, das sich damit immer mehr dem Status eines Quasi-Standard für Datenkommunikation annähert. Immer mehr Anbieter von Netzwerk-Betriebssystemen und -applikationen sorgen für eine Kompatibilität ihrer Produkte zum Internet.

Novell ermöglicht es, Netware-basierte Netze ans Internet anzuschliessen, und Word perfect wird für Multimedia Anwendungen im Internet aufgerüstet (vgl. POLETTI, S. 16). IBM stellt mehrere Applikationen vor, mit denen die Integration von Lotus Notes gefördert werden soll. So bietet der Internotes Web Publisher 2.0 Notes-Kunden die Möglichkeit, ihre Dokumente in HTML zu konvertieren. (vgl. CONRAD / KULZER (b), S. 5). Die Internotes-News-Software läuft auf einem Notes-Server und kann Nachrichten zwischen ausgesuchten Newsgroups und Notes-Datenbanken austauschen, wobei die Vergabe von Zugriffsrechten möglich ist. (vgl. STRASHEIM / REICHERTZ, S. 8).

Viel weiter geht der Ansatz, den Sun Microsystems mit der Vorstellung ihrer speziell für das Internet entwickelten Programmiersprache *Java* verfolgt. Java soll die Darstellung von Dateien und das Benutzen von Applikationen auf jeder beliebigen Plattform gewährleisten. Während ein konventioneller Web-Browser über die verschiedenen

Viewer schon verfügen muß, liefert ein Java-Server dem Java-kompatiblen Browser die fehlenden Viewer einfach nach (vgl. o.V., Focus 45/1995, S. 236). Dieser Vorgang wird in Abbildung 13 schematisch dargestellt. Java-Browser können ganz unterschiedliche Applikationen ausführen; der Server liefert sie einfach über das Internet. Durch die Anwendung dieser Technologie wird das Internet zur riesigen, global nutzbaren Festplatte. Der Erwerb von Programmen wird überflüssig, da Programme gegen Gebühren direkt aus dem Internet genutzt werden.

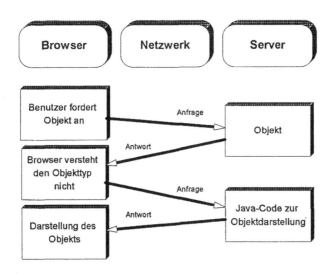

Abb. 13:Funktionsschema von Java
Quelle: Eigene Darstellung in Anlehnung an KURZIDIM, S. 153.

Auch IBM-Chef Louis Gerstner rechnet mit einer zunehmenden Netzwerkzentrierung und setzt diese Erwartung um. Er will schon 1996 den „Inter-Personal-Computer" (IPC) vorstellen, der ohne aufwendige Hardware auskommt und deshalb sehr kostengünstig ist. Der IPC ist speziell für den Netzwerkzugang und vor allem für den professionellen Einsatz in Unternehmen gedacht. Er ist der Meinung, daß die Desktop-Rechner nicht mehr als Mini-Mainframes mit umfassenden Fähigkeiten betrachtet werden sollen und in Bezug auf Prozessor, Arbeitsspeicher und Software mit den Anforderungen nicht mehr mitwachsen müssen. Gerade diese regelmäßige Aufrüstung vieler Rechner im Netz war bisher ein nicht zu vernachlässigender Kostenfaktor. Statt dessen soll nun das Netz über schnelle Verbindungen Programme und Rechenleistung zur Verfügung stellen (vgl.

CONRAD / KULZER (b), S. 5 f.). Ein Rechner mit IPC-Prinzip ist mittelfristig auch für das Internet denkbar.

Zusammenfassend kann man sagen, daß das Internet in zunehmendem Maße viele Bereiche des Lebens beeinflussen wird. Nahezu jedem Unternehmen kann ein Einstieg ins Internet und das Sammeln von Erfahrungen so bald wie möglich empfohlen werden; denn noch ist ein Internet-Auftritt nicht selbstverständlich, sondern spricht für das Unternehmen. Schon bald aber wird es soweit sein, daß sich eine fehlende Internet-Präsenz als klarer Wettbewerbsnachteil erweist.

Literaturverzeichnis

Angell, David; Heslop, Brent:	The Internet Business Companion. Growing your Business in the Electronic Age. 1. Aufl. Bonn, Paris, New York u.a: Addison-Wesley Publishing Company 1995
Bold, Max:	Telekom untersucht T-Online-Neukunden. Online aktuell, München, 16 (1995) 22, S. 2-3.
Borchers, Detlef (a):	Seien Sie bereit. Online-Kommunikation. PC Welt, München, (1995) 8, S. 64-91
Borchers, Detlef (b):	Einkauf per PC. Das erwartet Sie beim Teleshopping. PC Welt, München, (1995) 9, S. 280-285.
Clark, Jim (a):	Genau der richtige Zeitpunkt (Interview). Focus, München, (1995) 44, S. 216-217.
Clark, Jim (b):	Die Grenzen des Wachstums (Interview). Hyper!, Poing, 1 (1995) 12, S. 126.
Conrad, Gala; Kulzer, Rudi (a):	Schwachstelle in Software für Finanztransaktionen. Online aktuell, München, 16 (1995) 20, S. 5.
Conrad, Gala; Kulzer, Rudi (b):	In Las Vegas stand das Internet im Rampenlicht. Online aktuell, München, 16 (1995) 24, S. 4-6.
Dallenbach, Ingrid:	Studie: Financial Services im Internet. Online aktuell, München, 16 (1995) 20, S. 8.
Dernbach, Christoph:	Goldrausch im Cyberspace. Die Welt (Berlin) vom 11. 11. 1995. S. 15.
Dolak, Gregor; Müller, Eva:	Multimedia. Highlife im Arbeitszimmer. Focus, München, (1995) 17, S. 267-272.
Eder, Stefan:	Einkaufen ohne Grenzen. Die wahren Gefahren. Hyper!, Poing, 1 (1995) 12, S. 62-64.
Engels, Sybille:	Wir akzeptieren E-Cash. Focus, München, (1995) 3, S. 120-121.
Gertis, Hubert (a):	Weiteres Wachstum bei US-Online-Diensten. Online aktuell, München, 16 (1995) 22, S. 17.
Gertis, Hubert (b):	Nielsen-Studie zur Internet-Nutzung. Online aktuell, München, 16 (1995) 23, S. 21.
Gertis, Hubert (c):	Studie von Odyssey: „Die Zukunft heißt Online". Online aktuell, München, 16 (1995) 24, S. 24

Gladis, Ralf;
Eberlein, Horst;
Gottschalk, Petra:

Virtueller Marktplatz. Internet Publishing. PC
Professionell, München, (1995) 10, S. 192-215

Goldmann, Martin;
Strasheim, Christian:

Suchdienste im Internet. PC Professionell, München,
(1995) 9, S. 174.

Gruber, Ralf:

Virtual Reality erobert das Internet. PC Professionell,
München, (1995) 12, S. 24.

Henke, Ruth;
Kohlen, Manfred:

Computer-Währung. Das Ende des Geldes. Focus,
München, (1995) 23, S. 128-134.

Horvath, Peter:

Online-Recherche. Neue Wege zum Wissen der Welt. 1.
Aufl. Braunschweig, Wiesbaden: Vieweg Verlag 1994.

Kimmig, Martin:

Internet: Was ist das? DOS Spezial - Internet, Poing,
(1995), S. 16-19.

Kjaer, Torben:

Wie startet man ins Internet? 2. Aufl. Hamburg,
KnowWare Verlag 1995.

Krol, Ed:

Die Welt des Internet. 1. Aufl. Bonn:
O'Reilly/International Thomson Verlag 1995.

Krüger, Stefan:

Die neuen Medien spalten die Gesellschaft. TV Today,
Hamburg, (1995) 19, S. 38-39.

Kulzer, Rudi:

Haben Sie schon Ihre Web-Aufgaben gemacht. com!,
München, (1995) 11, S. 66.

Kunze, Michael:

Geheimtip. Entwickeln und Testen von Web-Projekten.
c't, Hannover, (1995) 9, S. 166-172.

Kurzidim, Michael:

Spurensucher. Browser und nützliche Utilities fürs World
Wide Web. c't, Hannover, (1995) 9, S. 152-156.

Maier, Gunther;
Wildberger, Andreas:

In 8 Sekunden um die Welt. Kommunikation über das
Internet. 2. Aufl. Bonn, Paris, New York u.a: Addison-
Wesley Publishing Company 1994.

Münz, Stefan:

Gleiches Netz, neuer Look. Eigene Web-Seiten
selbstgestrickt. PC intern, Düsseldorf, (1995) 10, S. 45-
51.

Nolden, Mathias:

Ihr erster Internet-Zugang. 1. Aufl. Düsseldorf, San
Francisco, Paris, Soest: Sybex Verlag 1995

o.V.:

Der deutsche Datennetzsurfer - das unbekannte Wesen.
Focus, München, (1995) 36, S. 160.

o.V.:	Claims abstecken im Internet. Focus, München, (1995) 38, S. 238.
o.V.:	o.T. Focus, München, (1995) 44, S. 218.
o.V.:	Java bringt Bewegung ins Internet. Focus, München, (1995) 45, S. 236.
o.V.:	Internet nur ein holpriger Feldweg. Neue Württembergische Zeitung (Göppingen) vom 17. 11. 1995. S. 30.
Poletti, Therese:	Der ganz große Sprung. Die Welt (Berlin) vom 31. 10. 1995. S. 16.
Ponnath, Heimo (a):	Die Wurzeln des Internet. DOS Spezial - Internet, Poing, (1995), S. 20-23.
Ponnath, Heimo (b):	Wie sicher ist das Internet? DOS Spezial - Internet, Poing, (1995), S. 37-40.
Reif, Holger:	Netz ohne Angst. Sicherheitsrisiken des Internet. c't, Hannover, (1995) 9, S. 174-183.
Scheuerer, Johann:	Shopping im Internet. com!, München, (1995) 12, S. 20-23.
Schmidt, Hans:	Auf Glas gebaut. Chip, München, (1994) 11, S. 296-302.
Schönleber, Claus; Nickles, Michael:	Ab auf den Highway. DOS international, Poing, 9 (1995) 5, S. 86-94
Scriba, Jürgen:	Panzerknacker auf dem Daten-Highway. Focus, München, (1995) 39, S. 200-205
Sebald, Herbert (a):	14000 neue Teilnehmer täglich in den USA. Online aktuell, München, 16 (1995) 21, S. 14.
Sebald, Herbert: (b)	Europe Online startet am 15. Dezember. Auftritt radikal geändert. Online aktuell, München, 16 (1995) 23, S. 4
Spengler, Thomas:	Wer die Infrastruktur hat, hat auch die Macht. Wirtschaft Regional (Karlsruhe). Ausgabe Göppingen. Nr. 11 vom November 1995, S. 29.
Strasheim, Christian:	Business im Internet. PC Professionell, München, (1995) 3, S. 110-114.
Strasheim, Christian; Gottschalk, Petra (a):	Geld verdienen im Internet. Nichts als heiße Luft. PC Professionell, München, (1995) 9, S. 184.

Strasheim, Christian; Gottschalk, Petra (b):	Virtuelles Geld. eCash - der Schlüssel zum Online-Business. PC Professionell, München, (1995) 9, S. 190.
Strasheim, Christian; Gruber, Ralf:	Internet als Business-Tool. PC Professionell, München, (1995) 11, S. 22.
Strasheim, Christian; Reichertz, Jörg:	Internet: Start in das Business von morgen. PC Magazin, Haar bei München, (1995) 39, S. 4-10
Thomas, Michael:	Ihr globales Schaufenster. PC Professionell, München, (1995) 9, S. 206-216.
Weigel, Ulrich:	Internet. Land in Sicht. Chip, München, (1994) 11, S. 306-312.
Wittmann, Thomas:	Web-Browser fürs Internet. PC Professionell, München, (1995) 9, S. 178-179.
Zeitler, Andreas:	Ins globale Netz gegangen. Die Welt (Berlin) vom 13. 10. 1995. S. 18

Glossar

Administrator	Verwalter eines Netzwerks.
Archie	Ein Internet-Suchdienst, mit dem Dateien auf öffentlich zugänglichen Massenspeichern, v.a. FTP-Servern gefunden werden können.
Backbone	(„Rückgrat") Leitungsnetz mit sehr großer Kapazität, an das weitere Netzwerke angeschlossen sind.
Bandbreite	Wird allgemein dazu benutzt, die Datenmenge pro Zeiteinheit anzugeben (in bps), die über eine Verbindung transportiert werden kann.
Bridges	(„Brücke") Eine Netzwerkkomponente, die zwei oder mehr gleichartige LANs miteinander verbindet.
Browser	Allgemein benutzt für Client-Software im World Wide Web.
Cache	Speicherbereich (Arbeitsspeicher oder Plattenspeicher), in dem Daten zwischengelagert werden.
Client	Programm, das es dem Benutzer ermöglicht, einen Server zu nutzen.
Domain	Ein abgegrenzter Bereich im Internet; Teil der Internet-Adresse.
Download	Vorgang des Ladens einer Datei von einem Server.
E-Mail	Elektronische Post.
Ethernet	Ein Standard für LANs.
Firewall	Sicherheitssystem, das nur einen Computer des Netzwerks von außen ansprechbar macht.
Foren	Thematisch abgegrenzte Diskussionsgruppen.
Gateways	Netzwerkkomponenten, die verschiedene Netze physikalisch verbinden und die Transformation unterschiedlicher Protokolle übernehmen.

Gopher	Textorientierter Internet-Dienst, der Informationen in hierarchischen Menübäumen anordnet.
Homepage	Startseite im WWW.
Host	(„Gastgeber") Computer, der im Internet Dienste anbietet.
Hyperlink	Besonders markierte Bereiche im WWW, die eine Verzweigung zu anderen Ressourcen enthalten.
Mailing-List	Eine themenorientierte Verteilerliste für E-Mails.
Motherboard	Hauptplatine im Computer.
Newsgroups	Themenbezogene Diskussionsgruppen.
Protokoll	Satz von Regeln bzw. Konventionen, die Datenformate und Übermittlungsart zwischen Kommunikationspartnern beschreiben.
Provider	Unternehmen, das seinen Kunden einen Zugang zum Internet verkauft.
Quellcode	Der Programmcode in einer Hochsprache.
Router	Router sorgen dafür, daß Datenpakete den Weg zum gewünschten Ziel finden.
Server	Programm, das auf einem Host läuft. Es sorgt für die Abwicklung eines Internet-Dienstes und kommuniziert dazu mit Client-Programmen.
Support	Herstellerunterstützung für Produkte.
Terminal	Datenendgerät ohne eigene Rechenkapazität.
Terminal-Emulation	Programm, das einen Computer als Terminal nutzbar macht.

Ehrenwörtliche Erklärung

Hiermit erkläre ich ehrenwörtlich:

1. daß ich meine Diplomarbeit selbständig und ohne fremde Hilfe angefertigt habe;

2. daß ich die Übernahme wörtlicher Zitate aus der Literatur sowie die Verwendung der Gedanken anderer Autoren an den entsprechenden Stellen innerhalb der Arbeit gekennzeichnet habe.

Ich bin mir bewußt, daß eine falsche Erklärung rechtliche Folgen haben wird.

Süßen, den 1.12.1995

(Lars-Erik Barthel)

Diplom.de

Wissensquellen gewinnbringend nutzen

Qualität, Praxisrelevanz und Aktualität zeichnen unsere Studien aus. Wir bieten Ihnen im Auftrag unserer Autorinnen und Autoren Wirtschafts-studien und wissenschaftliche Abschlussarbeiten – Dissertationen, Diplomarbeiten, Magisterarbeiten, Staatsexamensarbeiten und Studien-arbeiten zum Kauf. Sie wurden an deutschen Universitäten, Fachhoch-schulen, Akademien oder vergleichbaren Institutionen der Europäischen Union geschrieben. Der Notendurchschnitt liegt bei 1,5.

Wettbewerbsvorteile verschaffen – Vergleichen Sie den Preis unserer Studien mit den Honoraren externer Berater. Um dieses Wissen selbst zusammenzutragen, müssten Sie viel Zeit und Geld aufbringen.

http://www.diplom.de bietet Ihnen unser vollständiges Lieferprogramm mit mehreren tausend Studien im Internet. Neben dem Online-Katalog und der Online-Suchmaschine für Ihre Recherche steht Ihnen auch eine Online-Bestellfunktion zur Verfügung. Inhaltliche Zusammenfassungen und Inhaltsverzeichnisse zu jeder Studie sind im Internet einsehbar.

Individueller Service – Gerne senden wir Ihnen auch unseren Papier-katalog zu. Bitte fordern Sie Ihr individuelles Exemplar bei uns an. Für Fragen, Anregungen und individuelle Anfragen stehen wir Ihnen gerne zur Verfügung. Wir freuen uns auf eine gute Zusammenarbeit.

Ihr Team der Diplomarbeiten Agentur

Diplomica GmbH
Hermannstal 119 k
22119 Hamburg

Fon: 040 / 655 99 20
Fax: 040 / 655 99 222

agentur@diplom.de
www.diplom.de